Hannes Sieber

Kontakt
Kommunikation
Soziale Kompetenz

Weil Persönlichkeit entscheidet

4. überarbeitete Auflage, 2020, SIZE Success, Hannes Sieber
ISBN 978-3-927323-13-1
www.sizesuccess.de
www.Sieber-Beratung.de

Inhaltsverzeichnis

Einleitung

Hallo und herzlich willkommen!

Ich, Hannes Sieber, begrüße Sie zum SIZE Success Reader:

Kontakt – Kommunikation – Soziale Kompetenz

Weil Persönlichkeit entscheidet

Ich lade Sie ein, das spannende SIZE Success Persönlichkeits- und Kommunikationsmodell kennen zu lernen.

Es ist leicht verständlich, wissenschaftlich fundiert und sofort praktisch umsetzbar.

Das SIZE Success Modell hilft Ihnen dabei, Ihre Stärken, Begabungen und Talente kennen zu lernen. Sie können mit anderen schneller in Kontakt kommen und Ihre „Botschaft" erfolgreicher kommunizieren.

In diesem Reader finden Sie verschiedene Möglichkeiten, sich das SIZE Success Persönlichkeits- und Kommunikationsmodell zu erarbeiten und zu vertiefen. Ganz nach Ihrer bevorzugten Art und Weise.

Zu Beginn jedes Abschnitts gibt es eine kurze Geschichte aus dem Alltag von Elisabeth und André. Anschließend wird ein Konzept aus dem SIZE Success Modell ausführlich dargestellt.

Wenn Sie sich schnell und kompakt über den Inhalt des Kapitels informieren wollen, finden Sie am Ende jeweils eine kurze Zusammenfassung. Diese Zusammenfassung ist wie hier mit einem grauen Raster hinterlegt:

> **Das ist die Zusammenfassung.**
> **Für die schnellen Leser ...**
> **Oder wenn Sie es gerne kurz und kompakt haben wollen!**

Besondere Hinweise oder „Merksätze" sind so markiert:

☞ **Bitte arbeiten Sie mit dem SIZE Success Reader so,**

wie es für Sie angenehm, nützlich und lehrreich ist. Es macht Sinn, das Buch von Anfang bis Ende durchzulesen. Genauso gut ist es, darin herum zu stöbern und an interessanten Stellen einzusteigen. Sie können, müssen den Reader nicht unbedingt von vorne nach hinten durcharbeiten. Finden Sie selbst heraus, was Ihnen am besten liegt und am meisten Spaß macht.

Sie wollen ganz intensiv arbeiten, alles aus dem Reader herausholen, möglichst viele praktische, konkrete Anregungen für Ihren Alltag mitnehmen? Dann bearbeiten Sie die für Sie interessanten Übungen, Checklisten und Reflexionen. Dazu bietet das Buch Platz und Anregung für Notizen.

... Und das sieht dann so aus:

✍ **Was ich mit diesem Reader erreichen will ...**

für mich privat

für meine berufliche Praxis

im Kontakt und in der Kommunikation mit anderen allgemein.

Klar, Sie können hier gleich loslegen und Ihre Notizen eintragen.

Und Sie können diese Arbeitsblätter unter www.reader.sizesuccess.de

downloaden. Dort finden Sie viele weitere Informationen, Anregungen, Übungen und Videos. Verwenden Sie zur Anmeldung den beiliegenden Zugangscode.

Ihre persönliche Selbst-Einschätzung

Nach den einzelnen Kapiteln können Sie Ihre eigene Einschätzung vornehmen, welche Charaktereigenschaften und Persönlichkeitsanteile bei Ihnen in welcher Ausprägung erkennbar sind. Auf Seite 115 können Sie dann Ihre eigene Auswertung vornehmen.

Die Themen zur eigenen Einschätzung sehen so aus:

○ Aussage 1

○ Aussage 2

○ usw.

In die Kreise tragen Sie die Reihenfolge von 1 bis 6 ein, in der die Aussagen auf Sie zutreffen. Die 1 für die erste Stelle, die 2 für die zweite, usw. Der Aussage, die am wenigsten auf Sie zutrifft, geben Sie die 6.

Die gesamte Selbsteinschätzung können Sie ebenfalls unter www.reader.sizesuccess.de downloaden.

Sie sehen, der Reader ist ein Arbeitsbuch und Ihr Zugang zur SIZE Success Plattform.

So sollten Sie das Buch auch nutzen. Notieren Sie alle Ihre Einfälle, Ideen und Fragen direkt im Buch oder auf den Arbeitsblättern zum download. So bekommen Sie einen ganz persönlichen Lernbegleiter auf Ihrer Reise durch das SIZE Success Modell.

Ganz kompakt gibt es im Buch und online eine

✍ Übersicht zur schnellen Orientierung.

Wenn Sie die Struktur und Übersicht schätzen, finden Sie auf Seite 128 eine Tabelle über die sechs Persönlichkeiten und die typischen Persönlichkeitsmuster dazu. Sozusagen die Kernkonzepte des SIZE Success-Modells. Diese Tabelle können Sie downloaden und in die leeren Felder der Tabelle Ihre persönlichen Ergänzungen zum Modell eintragen.

Ich denke, das genügt zur Einleitung und Einstimmung.

Nun wünsche ich Ihnen viele Erkenntnisse und Informationen, Anregungen für neue Ansichten und Überzeugungen, Impulse zur Reflexion, ein angenehmes Lesevergnügen und Tipps zur Umsetzung und Spaß mit dem SIZE Success Reader.

SIZE Success Persönlichkeiten

Samstagvormittag im Discounter „Leschmos Giga-Pick". Draußen, auf der grünen Wiese. Viele Parkplätze, viele Autos, viele Sonderangebote, viele Menschen, viel Gedränge, Geschiebe, Lautsprecher-Durchsagen, Angestellte mit Paletten voller neuer „Giga-Picks". Kunden mit sperrigen Einkaufswägen, langen Einkaufslisten.

Elisabeth, wir werden ihr noch öfter begegnen, will noch ihre Wochenendeinkäufe erledigen. Bei den Konserven sieht sie Elli mit ihrer Tochter Maike. Die beiden wohnen im gleichen Haus wie Elisabeth.

Maike mag vielleicht fünf Jahre alt sein. Sie greift dahin, dorthin, nimmt etwas aus dem Regal mit den Fischkonserven. Elli schimpft mit Maike, das Mädchen weint. Sie fahren weiter. Maike nimmt wieder etwas aus dem Regal, diesmal bei den Gewürzen. Elli schimpft wieder, Maike weint, Elli gibt dem Kind eine Ohrfeige. Maike brüllt.

Drei Regalreihen weiter ein ähnliches Bild: Rosi mit ihrer Tochter Doris, ca. sechs Jahre alt. Doris läuft neben dem Einkaufswagen her, sieht sich die Regale an, ah, Putzmittel, die Farbigen. Sie greift eine besonders bunte Packung heraus. Rosi nimmt es ihr langsam wieder aus der Hand, legt es behutsam zurück ins Regal. Doris weint, Rosi nimmt sie tröstend in den Arm und spricht, offenbar beruhigend, auf die Kleine ein.

Und was ist dort drüben, bei Käse, Milch und Yoghurt? Dort sieht Elisabeth Kareen mit ihrem Sohn Christian. Er wird so um die sechs Jahre sein. Mit ihrem Einkaufswagen schlendern die beiden an den Regalen entlang. Christian nimmt sich einen Viererpack „Kinderschmaus" und will ihn in den Wagen legen.

Kareen nimmt die bunte Packung und studiert die Rückseite. Dann gibt sie Christian wieder den „Kinderschmaus", der ihn in den Wagen legt.

Was ist da passiert? Weshalb reagieren diese Mütter so unterschiedlich?

Unterschiedliche Menschen, unterschiedliche Reaktionen! Natürlich abhängig von der jeweiligen Situation, von dem was vorher geschehen ist, der familiären Situation, von ...

Wir alle sind von unzähligen Einflussfaktoren umgeben, die unser Denken, Fühlen und Handeln in jeder Sekunde unseres Lebens beeinflussen. Wir sind den verschiedensten Stimuli ausgesetzt, die ständig auf uns einwirken und Reaktionen bei uns bewirken.

Wir erleben bei uns und anderen einen flexiblen, anpassungsfähigen Teil der Persönlichkeit, der angemessen auf sich ändernde Situationen reagieren kann. Ein Teil von uns, der die Realität weitgehend ungefiltert wahrnimmt und dazu passende Gedanken und Gefühle erlebt.

Andererseits erleben wir bei uns und anderen immer wieder Anteile der Persönlichkeit, die ziemlich konstant scheinen. Dabei ist es meist unwichtig wie die Situation ist, was mögliche Auslöser sind – unsere Reaktionen, unser Denken, unser Fühlen bleiben annähernd gleich. Typisch besonders in Stress-Situationen, wenn wir unter äußerem Druck stehen oder wir uns selbst innerlich antreiben und Druck machen.

Wir haben also einen zweiten Teil der Persönlichkeit, der auf bewährte Reaktionen setzt. Verhaltensmuster, Gedanken und Gefühle, die uns bekannt sind, die für uns typisch sind, die unter anderem das ausmachen, was wir als Persönlichkeit sind.

Dieser zweite Anteil ist es, der es uns erlaubt, bestimmte Merkmale, Eigenschaften und Verhaltensmuster von Menschen zu einer „Landkarte" der Persönlichkeit zusammenzusetzen. Eine „Landkarte", die uns die Orientierung und den Zugang zu anderen erleichtert.

Diese „Landkarten" sind ein Hilfsmittel zur besseren Orientierung, genauso wie eine richtige Landkarte. Natürlich sind sie nicht die Wirklichkeit.

Eine Landkarte kann sehr nützlich sein, wenn wir die Urlaubsreise planen. Wir erkennen Entfernungen, große Straßen, wichtige Kreuzungen, Berge, Seen, große Flüsse. Wir können die Fahrzeiten schätzen oder sogar ziemlich genau berechnen, den Benzinverbrauch, und, und, und ...

Es soll sogar Menschen geben, die mit Landkarten die Imbiss-Frequenz für die Urlaubsreise vorplanen.

Wir alle wissen, dass die Landkarte nicht die Wirklichkeit ist. Wenn wir mit dem Finger auf der Europakarte über die Alpen fahren, nach Italien, noch weiter südlich, bis in die Toskana, vielleicht bis nach Piombino oder nach Punta Ala mit seinem vornehmen Yachtclub, dann sind wir nicht „wirklich" dort!

So ist es auch mit der „Landkarte" der SIZE Success Persönlichkeiten. Diese Persönlichkeiten helfen uns zur Orientierung. Sie nützen uns, um uns Vorstellungen vom anderen als Mensch zu machen, geben uns Hinweise, wie wir Zugang zum anderen finden, um mit ihm in Kontakt zu kommen.

Eine gute Landkarte hat eine Legende, also eine Erklärung der verwendeten Symbole und Farben. Die SIZE Success Persönlichkeiten haben ebenfalls bestimmte „Symbole" und Kategorien.

Diese Kategorien beschreiben typische Merkmale der Persönlichkeit. Im SIZE Success Persönlichkeitsmodell betrachten und beschreiben wir:

- **Wahrnehmung der Wirklichkeit**
  Wie erkenne ich die „Wirklichkeit"?
  Wie wird das Erkennen der „Wirklichkeit" durch die verschiedenen Persönlichkeiten beeinflusst?

- **Überzeugungen und Glaubenssätze**
  Welche Überzeugungen bestätige ich mir immer wieder?
  Welche Überzeugungen sind typisch für die verschiedenen Persönlichkeiten?

- **Kontaktverhalten und „Zugangstüren"**
  Wie nehmen die sechs Persönlichkeiten Kontakt auf?
  Wie erreiche ich die unterschiedlichen Persönlichkeiten am Direktesten?

- **Kommunikation**
  Welche Kommunikationsmuster gibt es?
  Wie kommuniziere ich erfolgreich mit den sechs unterschiedlichen Persönlichkeiten?

- **Eigenschaften und Stärken der Persönlichkeit**

  Was sind die typischen Eigenschaften und Stärken der sechs Persönlichkeiten?

  Wie kann ich meine Stärken und Begabungen produktiv einsetzen?

  Was sind die typischen, charakteristischen Merkmale der sechs Persönlichkeiten?

  Woran erkenne ich die Persönlichkeiten im Alltag?

- **Bedürfnisse und Motivation**

  Was ist es, was mir psychische Energie gibt und mich motiviert?

  Was sind die Bedürfnisse der sechs verschiedenen Persönlichkeiten?

- **Arbeitszufriedenheit**

  Was brauche ich, um im Beruf, bei meiner Arbeit zufrieden zu sein?

  Welche gemeinsamen und welche unterschiedlichen Faktoren fördern die Arbeitszufriedenheit der sechs Persönlichkeiten?

- **Verhalten unter Stress**

  Wie verhalte ich mich, wenn ich wenig psychische Energie habe, wenn ich mich im Stress erlebe?

  Wie reagieren verschiedene Menschen unter Stress?

  Was sind typische Stressmuster von Menschen?

Mit diesen verschiedenen Kategorien, typischen Merkmalen der Persönlichkeit, finden wir sechs unterschiedliche Persönlichkeiten, die sich deutlich voneinander unterscheiden lassen. Sowohl auf der „Landkarte" der SIZE Persönlichkeiten, meist noch viel deutlicher im „wirklichen Leben".

Die sechs Persönlichkeiten

Einfühlsame

Die fürsorglichen Gefühlsmenschen

Analytiker

Die gewissenhaften Denker

Bewahrer

Die wachsamen Werteorientierten

Kreative

Die humorvollen Kontaktmenschen

Aktive

Die aktiven Abenteurer

Ruhige

Die phantasievollen Beobachter

☞ Zusammengefasst:

SIZE Success unterscheidet und beschreibt sechs Persönlichkeiten:

Einfühlsame – Fürsorgliche Gefühlsmenschen

Analytiker – Gewissenhafte Denker

Bewahrer – Wachsame Werteorientierte

Kreative – Humorvolle Kontaktmenschen

Aktive – Aktive Abenteurer

Ruhige – Phantasievolle Beobachter

In den folgenden Kapiteln werden Sie nach und nach mit den Eigenschaften und Merkmalen der verschiedenen SIZE Success Persönlichkeiten bekannter. Vermutlich werden Sie immer wieder bei sich und anderen typische Charakteristika und Verhaltensweisen feststellen.

Daher hier ein Tipp:

☞ Bitte lesen und/oder bearbeiten Sie immer die Beschreibung für alle sechs Persönlichkeiten

Danach können Sie Ihre speziellen Rückschlüsse ziehen und Ihre Vorstellungen und Hypothesen bilden.
Wenn Sie nur zwei oder drei Persönlichkeiten gelesen und bearbeitet haben, kommen Sie möglicherweise in Versuchung, nur hier die Ähnlichkeiten mit sich selbst zu erkennen und das „Gesamtbild" zu übersehen.

So, bevor Sie sich nun auf die Entdeckungsreise zu den sechs SIZE Success Persönlichkeiten begeben, hier gleich eine Anregung:

✎ Übung

Unter Umständen haben Sie bereits bestimmte Vorstellungen, die zu den einzelnen Persönlichkeiten passen.
Vielleicht sogar schon „Bilder" der Persönlichkeiten, ein Gefühl, eine Stimmung dafür. Oder auch Überlegungen dazu?

Gut, dann lade ich Sie ein, als Start Ihre „Bilder" gleich hier festzuhalten.
Als Zeichnungen, in Stichworten, ...

Einfühlsame	Analytiker
Die fürsorglichen Gefühlsmenschen	Die gewissenhaften Denker
Bewahrer	**Kreative**
Die wachsamen Werteorientierten	Die humorvollen Kontaktmenschen
Aktive	**Ruhige**
Die aktiven Abenteurer	Die phantasievollen Beobachter

Wahrnehmung und Wirklichkeit

Montag, 10:30 Uhr. Elisabeth hat die dringendsten Aufgaben schon erledigt (oder verschoben). Jetzt muss sie unbedingt das Projekt mit dem Well-lax pro 90 F Plus weiterbringen. Die Absatzzahlen sind nicht berauschend, teilweise gibt es wenig erfreuliche Rückmeldungen vom Servicedesk.

Ganz oben auf ihrem Stapel liegt das Mail von André: „Hallo Elisabeth. Ich habe die Zahlen aus dem Berichtszeitraum analysiert und in beigefügter Tabelle aufgelistet. Was sofort auffällt…"

Und dann beschreibt André in vielen Details und ganz präzise, wo er die Probleme mit dem Well-lax pro 90 F Plus-Projekt sieht. Elisabeth fühlt sich richtig „zugeschüttet" mit all den Informationen. Sie legt das Mail mit den vielen Tabellen zur Seite.

Als nächstes liest sie das Memo von Berndt. Neben all seinen grundsätzlichen Anmerkungen, die Elisabeth schon lange kennt, schreibt er: „Wie ich ja schon immer bemerkte, fehlen in dem ganzen Projekt die grundlegenden Werte. Well-lax pro 90 F Plus hat keine „Mission", vermittelt keine Botschaft, ist letztendlich austauschbar mit dem Wettbewerb. Wie ich schon zum Projektstart festgestellt habe, müssen wir…" Hm, er hat ja schon manchmal Recht, aber der Ton. Elisabeth tut sich schwer mit den Memos von Berndt.

Sie stellt fest, dass sie von Rolf noch gar nichts gehört hat. Man muss da immer ein wenig nachhelfen. Sie ruft Rolf an und erinnert ihn an die Rückmeldung seiner Erfahrungen am Servicedesk. Es geht ein wenig zäh mit Rolf: „Nun, mein Bild von Well-lax pro 90 F Plus, hm… Die Kunden, ja…? Ja, also, da müssen wir abwarten, bis der Markt reif dafür ist. Da können wir nichts erzwingen. Hier am Servicedesk schon gar nicht."

Elisabeth dankt Rolf für seine Sicht der Dinge und legt auf. Sie selbst hat ja immer schon ein komisches Gefühl mit dem Well-lax pro 90 F Plus gehabt. Irgendwie hat sie keine Beziehung dazu, eigentlich gar kein Gefühl. Sie erlebt den Well-lax pro 90 F Plus nicht als richtig angenehm, so zum Wohlfühlen. Nein, sie spürt eher ein

Unbehagen, etwas untergründig „kratziges" oder so, mehr intuitiv. Sie findet einfach nicht die richtigen Worte für ihre Wahrnehmung, ihr Gefühl.

Der Vormittag vergeht. Um 11.00 Uhr kommt der Anruf von Michael: „Was machen Sie jetzt mit der Well-lax pro 90 F Plus-Geschichte? Mir kommt es wirklich so vor, als ob da überhaupt nichts passiert! Keine Action in dem Projekt! Was macht denn Berndt? Und die Auswertung von André? Ich will heute noch Ergebnisse sehen!" Noch bevor Elisabeth antworten kann, hat Michael schon aufgelegt. So ist er immer... Manchmal hat sie das Gefühl, dass Michael sie nicht mag.

Nach diesem Erlebnis hält es sie nicht mehr allein im Büro aus. Sie geht runter an den Kiosk. Im Aufzug trifft sie Karl von der Marketingabteilung. Karl grinst sie breit an: „Hi, schätze mal, du hast auch schon deinen täglichen Anpfiff von Michael bekommen. So wie du aussiehst... Hihi." Elisabeth versucht zurück zu grinsen. Es gelingt ihr nicht recht...

Karl scheint es leicht zu nehmen: „Ach mach' dir nichts draus. Das doofe Well-lax pro 90 F Plus-Projekt. Das gefällt doch niemand, da is' kein Pep drin! Also echt, unter uns, in der Abteilung haben wir uns scheckig gelacht über den Kram. Weder von der Gestaltung noch vom Design, törnt nicht! Alberner Quatsch, wenn du mich fragst..." Karl grinst wieder und springt aus dem Lift. Elisabeth ist ratlos.

Verschiedene Menschen nehmen eine bestimmte Situation in unterschiedlicher Art und Weise wahr. Niemand nimmt „alles" wahr, sondern jeder Mensch trifft unbewusst eine Auswahl dessen, was er wahrnimmt und wahrnehmen will.

Das kann verschiedene Ursachen haben: Ob wir eher auf Hören oder auf Sehen eingestellt sind. Wie laut oder leise, auffällig oder unauffällig ein Reiz ist. Wie häufig der Reiz auf uns einwirkt, welche Bedeutung er für uns hat und vieles mehr.

Und, unsere Wahrnehmung wird durch unsere Persönlichkeit beeinflusst, verstärkt oder abgeschwächt.

✎ Meine Wahrnehmung

Schauen Sie aus dem nächsten Fenster und nehmen Sie sich 30 Sekunden Zeit dafür.

Was sehen, hören, fühlen, riechen Sie?

Was stellt es für Sie dar?

Welchen Eindruck macht es auf Sie?

Was denken Sie sich dabei?

Welche Anregungen haben Sie aus dieser Wahrnehmung?

Unsere am stärksten ausgeprägten Persönlichkeitsanteile bestimmen sehr stark darüber mit,

- was wir wahrnehmen,
- wie wir es wahrnehmen,
- wie wir es für uns einordnen und bewerten und
- welche Schlussfolgerungen wir daraus ziehen.

Wir unterscheiden mit der SIZE Success „Landkarte" sechs Möglichkeiten, uns und unsere Umwelt wahrzunehmen. Im Alltag werden wir uns allerdings meist auf eine oder zwei bevorzugte Wahrnehmungsmuster beschränken.

Je besser unsere bevorzugte Art der Wahrnehmung mit der unseres Gesprächspartners, unseres Kollegen, unserer Kundin oder unseres Mitarbeiters zusammenpasst, umso größer ist die Chance, dass wir miteinander in Kontakt kommen und tatsächlich „Botschaften" und „Inhalte" miteinander austauschen können.

Und anders herum: Je unterschiedlicher unsere Art der Wahrnehmung ist, umso schwerer wird es, miteinander in Kontakt zu kommen. Umso mehr nimmt das Risiko von Missverständnissen zu. Meinungsverschiedenheiten, Konflikte und Streit haben häufig ihre Ursache in der unterschiedlichen Art der Wahrnehmung der Beteiligten. Und auch umgangssprachlich kennen wir ja die Bitte: „Versuch' es doch mal so zu sehen …!"

Kreislauf von Wahrnehmung, Kontakt und Kommunikation

Wahrnehmung, Kontakt und Kommunikation sind ein „Kreislauf" von wechselseitiger Beeinflussung:

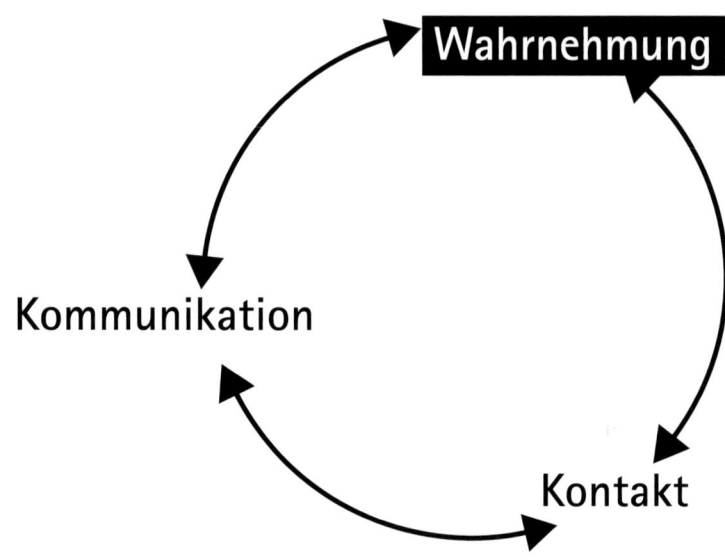

Das, was ich wahrnehme, beeinflusst mich und mein Kontaktverhalten. Die Art meines Kontakts beeinflusst wiederum meine Art wahrzunehmen und meine Kommunikation. Meine Kommunikation beeinflusst wieder meine Art und Weise wahrzunehmen.

Wahrnehmung und Erinnerung

Und ein weiterer Punkt:

Die Art unserer Wahrnehmung beeinflusst auch das, was wir in unserem Gedächtnis speichern und wie wir uns an etwas erinnern. Zur Unterscheidung der sechs verschiedenen Arten der Wahrnehmung hilft uns daher, wenn wir darauf achten, woran wir uns erinnern oder welche Art der Erinnerung unser Gesprächspartner zeigt oder beschreibt.

Die sechs verschiedenen Arten der Wahrnehmung

Gefühl und Intuition

Mit dieser Art der Wahrnehmung entwickeln Menschen durch Intuition, Gefühl und sinnliches Erleben ihr Bild der Wirklichkeit. Sie fühlen, spüren, empfinden, erahnen wie etwas oder jemand ist.

Stimmungen, Empfindungen und Gefühle sind es, mit denen vor allem die Einfühlsamen wahrnehmen.

Aus dieser Art der Wahrnehmung entsteht auch die spezielle Form der Erinnerung: Menschen mit dieser Art der Wahrnehmung erinnern sich sehr gut an andere Menschen, Gruppen und/oder Empfinden in einer bestimmten Situation. „Ja, da waren ... dabei! Da hatten wir damals alle diese intensive Stimmung." „Ja, das war, wo ich mich so ... gefühlt habe."

Analytisches, faktenorientiertes Denken

Bei dieser Art von Wahrnehmung liegt der Schwerpunkt auf Analysieren, Strukturieren, Ordnen und Kategorisieren der Umwelt. Menschen mit dieser bevorzugten Art der Wahrnehmung „erdenken" sich ihr Bild der Wirklichkeit. Informationen, Informationen und nochmals Informationen sind es, die hauptsächlich die Analytiker für ihre Wahrnehmung brauchen.

Die Erinnerung ist durch folgende Merkmale charakterisiert: Erinnert sich gut und detailliert an Fakten, Daten, Datum, Uhrzeit, etc. in einer bestimmten Situation. „Hm, damals hatten wir ... Zeit/Gewicht/Tempo/Geld/etc."

Werteorientiertes Denken

Aufmerksames, wachsames Beobachten und Bewerten der Umwelt ist hier die bevorzugte Art der Wahrnehmung. Zuverlässigkeit und Vertrauenswürdigkeit sind die „Parameter" für die Prüfung und Verarbeitung der Wirklichkeit. Werteorientiertes Denken ist im Schwerpunkt die bevorzugte Wahrnehmung der Bewahrer.

Die besondere Art der Erinnerung: Menschen mit dieser Art der Wahrnehmung erinnern sich präzise und hervorragend an Situationen, in denen sie ihre Überzeugungen mitteilen und durchsetzen konnten oder an Situationen, in denen sie gekränkt oder gar verletzt wurden. „Damals, als ich ...

überzeugt habe!" „Ja, dann haben sie mir endlich ... geglaubt!" „Ja, es war am ..., um ... dass er mich beleidigt, etc. hat."

Reaktives Handeln

Auf Ereignisse und Stimulation durch die Umwelt, durch andere zu reagieren und sich daraus das eigene Bild der Wirklichkeit zu machen, ist vor allem die bevorzugte Art der Wahrnehmung der Kreativen. Und sie reagieren sehr rasch und sehr spontan entweder mit Begeisterung und Zustimmung, oder mit Abscheu und Ablehnung.

Bei Menschen mit dieser Art der Wahrnehmung ist das Gedächtnis häufig so: Erinnert sich allgemein eher diffus, mehr ganzheitlich als detailliert. Hat eine gute Erinnerung an Situationen, in denen er (fulminant) Grenzen verletzt hat, Chaos inszenierte oder sich sonst grandios „in Szene" gesetzt hat. „Haha, ja genau, haha, das war ja, als ich ...!" „Stimmt, das war, als ich ... alle über mich hergefallen sind, ha ha!"

Aktives Handeln

Durch aktives Handeln „begreifen" die Aktiven die Wirklichkeit. Etwas tun, etwas mit der Umwelt, den anderen „anfangen, unternehmen" ist ihre bevorzugte Art mit der Realität umzugehen. Sie geben wenig auf die Wahrnehmungen, Gefühle oder Gedanken der anderen. Sie müssen es selbst aktiv erleben. Aktives Handeln ist schwerpunktmäßig die bevorzugte Art der Wahrnehmung der Aktiven.

Auch die Erinnerung gibt wieder wichtige Hinweise auf diese bevorzugte Art der Wahrnehmung: Diese Menschen geben vor, sich blendend zu erinnern. Das, an was sie sich erinnern, sind zum ganz überwiegenden Teil die eigenen „Erfolge" und/oder das Scheitern, die Misserfolge der anderen. Oder die Momente, in denen sie andere „besiegt" haben. „Natürlich weiß ich das noch! Das war, als ich den Auftrag ganz alleine geholt habe!" „Klar, weil Sie davon sprechen. Damals habe ich ...! Einer der größten Erfolge von mir!" „Ja, drei Projekte gleichzeitig in drei Wochen gestemmt!" „Ja, das war, als wir ... besiegt hatten!"

Passives Handeln

Durch passives Handeln machen sich vor allem die Ruhigen ihr Bild der Wirklichkeit. Damit ist ein nach außen ruhiges Abwarten und Beobachten gemeint. Das „Handeln" der Ruhigen geschieht innerlich, von außen nicht bemerkbar. In einer Art „Überblick", wie die Sicht aus einem Hubschrauber von oben, wird die Wirklichkeit im Ganzen wahrgenommen und als Bild gespeichert. Und dieses Bild wird „ausgewertet" und verarbeitet.

Die Erinnerung bei Menschen mit ausgeprägten Ruhigen-Anteilen: Sie haben eine überaus detaillierte und plastische Erinnerung in Bildern und an „ganze" Situationen. Sie können Vergangenes präzise und überaus anschaulich als „Bilder", als „Gemälde" oder „Geschichten" beschreiben und darstellen. „Hm, ich erinnere mich. Also, ich habe da so ein Bild von ..."

Lassen Sie uns die verschiedenen Arten der Wahrnehmung kurz zusammenfassen:

> **Einfühlsame nehmen die Wirklichkeit mit Gefühl und Intuition wahr.**
> **Analytisches, faktenorientiertes Denken ist die Wahrnehmung der Analytiker.**
> **Bewahrer nehmen über werteorientiertes Denken wahr.**
> **Reaktives, reagierendes Handeln ist die Wahrnehmung der Kreativen.**
> **Aktive nehmen die Wirklichkeit über aktives Handeln wahr.**
> **Ruhige bevorzugen passives Handeln als ihre Art der Wahrnehmung.**

Möglicherweise fragen Sie sich jetzt: „Und wie erkenne ich nun, wie ich die Wirklichkeit wahrnehme? Oder wie andere wahrnehmen."

☞ Ein Tipp aus der Praxis:

> Nicht alles auf einmal und sofort erkennen wollen!
> Meist ist es hilfreich zuerst zu überlegen:
> Welche Art der Wahrnehmung ist es sicher nicht? Welche Art der Wahrnehmung ist es auch nicht?

Damit fallen schon mal ein, zwei oder auch drei Möglichkeiten weg.

Welche Art der Wahrnehmung könnte es dann hauptsächlich sein?

Das Erkennen der bevorzugten Art der Wahrnehmung lässt sich auch trainieren. Zum Beispiel durch folgende Übungen:

✎ Übung

Videos und Filme sind eine gute Möglichkeit, das Erkennen der bevorzugten Wahrnehmung anderer Menschen zu trainieren.
Einfach mal beim nächsten Video weniger auf den Inhalt achten, sondern auf die Art und Weise, wie die Personen ihre (Film-)Umwelt wahrnehmen.
Der Hintergrund: In der Regel sind die Rollen stark überzeichnet, so dass die Merkmale einer Person deutlich erkennbar werden.

✎ Übung

Versuchen Sie sich an eine Situation zu erinnern, die ca. eine Woche zurückliegt.
Was ist Ihnen in Erinnerung geblieben?

Nun versuchen Sie sich bitte an eine Situation zu erinnern, die ca. einen Monat zurückliegt.
Was ist Ihnen in Erinnerung geblieben?

Und nun nehmen Sie eine Situation, die ca. ein Jahr zurückliegt.
An was erinnern Sie sich?

Nun können Sie die drei Erinnerungen, also die „gefilterten" Wahrnehmungen überprüfen, zu welcher Art sie gehören.
Gibt es ein typisches Muster?
Ist es dreimal die gleiche Art der Erinnerung, der Wahrnehmung? Oder sind es verschiedene Erinnerungs- und Wahrnehmungsmuster?

Meine persönliche Selbst-Einschätzung

Wie nehme ich bevorzugt wahr?

Ordnen Sie bitte die sechs Aussagen in Ihrer persönlichen Reihenfolge von 1 bis 6.

◯ Fühlen und Intuition

◯ Analytisches, faktenorientiertes Denken

◯ Werteorientiertes Denken

◯ Reaktives Handeln

◯ Aktives Handeln

◯ Passives Handeln

Überzeugungen

Feierabend, endlich Zeit für Berndt seinem Hobby nachzugehen und versuchen, die Well-lax pro 90 F Plus-Geschichte wenigstens für heute Abend zu vergessen. Berndt probt mit den Freunden seiner Band.

Nicht dass er proben müsste, nein, nein; es macht ihm halt Spaß, sagt er!

Als Kontrabass-Spieler ist er das rhythmische Fundament der Band. Oder versucht es zu sein. Darüber gibt es ab und zu Diskussionsbedarf.

Auch Karl aus der Firma ist heute wieder mal dabei. Früher als Profi-Musiker unterwegs, geht er jetzt den Amateuren ab und zu mit Tipps, oder was er dafür hält, zur Hand. Daneben spielt er noch Basstrompete, auch nur so ...!

Jetzt geht es darum, ein bekanntes Musikstück frei zu präsentieren, ohne Noten, aus dem Gedächtnis. Berndt zögert, weiß keine Melodie, die er jetzt spielen könnte. Karl schlägt vor: „Leise rieselt der Schnee ...", das kenne doch jeder, sei sozusagen noch aktuell. Ha ha ...!

Jetzt ist Berndt aber richtig empört: „Nein, auf keinen Fall! Man spielt keine Weihnachtslieder, wenn nicht Weihnachten ist! Das ist ja schon fast Blasphemie..."

Nichts kann ihn beruhigen, er ist empört, bleibt empört. Jeder Versuch, ihm gut zuzureden ist fruchtlos. Er hat eben seine Überzeugungen...

Karl holt sich ein Bier, ein alkoholfreies.

Es ist wohl so, dass Berndt klare, ausgeprägte, feste Überzeugungen hat. In dieser Situation für das Spielen von Weihnachtsliedern. Wann man das tun darf und wann nicht! Wir dürfen annehmen, dass er noch weitere, für ihn wichtige Grundeinstellungen und (Lebens-)Überzeugungen hat.

Möglicherweise kennen Sie das ja auch von sich selbst: Die meisten Menschen haben zu den unterschiedlichsten Themen mehr oder weniger ausgeprägte, manchmal vielleicht sogar festgefahrene Ansichten, Einstellungen und Überzeugungen. Die einen mehr, die anderen weniger. Manchmal bezeichnen wir das dann als Vorurteile.

Diese Überzeugungen sind praktisch: Sie helfen uns im täglichen Leben, weil wir über vieles gar nicht mehr nachdenken müssen. Etwas ist so, wie es ist und wir haben sofort unsere Grundeinstellung dazu, unsere „elterlichen Botschaften" und unsere Überzeugungen. So wie eben Berndt nach Weihnachten keine Weihnachtslieder mehr spielt.

Wie entstehen diese Überzeugungen bei uns?

Es besteht ein enger Zusammenhang zwischen unserer Wahrnehmung der Welt und unseren Überzeugungen. Wir nehmen, von frühester Kindheit an, bevorzugt das wahr, was zu unseren Überzeugungen und Grundeinstellungen passt. Und wir blenden häufig das aus, was nicht dazu passt.

Alle „passenden" Wahrnehmungen erleben wir dann als Bestätigung unserer Überzeugungen. Und unsere Überzeugungen beeinflussen sofort wieder unsere Wahrnehmung, und so weiter und so fort.

In diesem „Regelkreis" bestätigen wir uns immer wieder selbst unsere Überzeugungen und blenden alles aus, was nicht dazu passt.

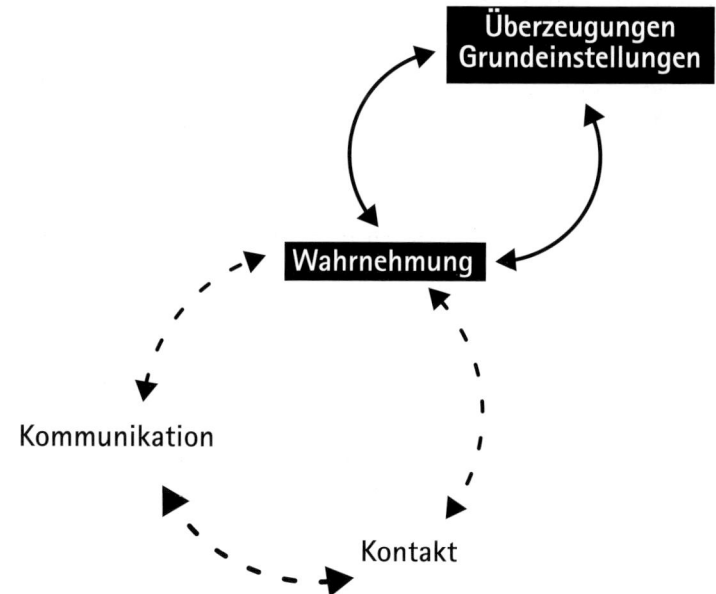

Was der Inhalt unserer Überzeugungen ist, und auch die „Stärke" dieser Überzeugungen, ist von Mensch zu Mensch ganz unterschiedlich. Allerdings können wir drei elementare Bereiche unterscheiden.

Wir Menschen haben Überzeugungen über

- uns selbst,
- die anderen
  und
- die Welt an sich

So wie die verschiedenen Persönlichkeiten verschiedene Arten der bevorzugten Wahrnehmung haben, so lassen sich auch grundlegende Überzeugungen unterscheiden.

Diese Basis-Überzeugungen helfen uns, die einzelnen Persönlichkeiten zu verstehen und einen Teil der charakteristischen Verhaltensweisen zu erklären. Diese Überzeugungen sind „Ideen" dazu, was die verschiedenen Persönlichkeiten bewegt, ihnen Energie gibt und können die unterschiedlichen Stressmuster erklären.

Lassen Sie uns die einzelnen Persönlichkeiten ansehen:

Die Überzeugung des

Einfühlsamen

Die Welt wäre für alle viel angenehmer, wenn die Menschen mehr auf ihr Gefühl achten und rücksichtsvoller, höflicher miteinander umgehen würden. Es wäre alles gut auf dieser Welt, wenn sich die Menschen gegenseitig ihre Wünsche von den Augen ablesen würden.

Ich als Einfühlsamer kann mich in Beziehungen aufgehoben und wertgeschätzt fühlen, wenn ich mich in andere hinein fühle. Für mich ist es wichtig, dass ich für die Bedürfnisse anderer sorgen kann, denn dann bin ich okay.

Manchmal habe ich das Gefühl, dass ich, wenn ich es anderen recht mache, diese es auch mir recht machen müssen.

Überzeugungen der

Analytiker:

In dieser Welt würde alles besser gehen, wenn die Menschen nur ihren Verstand benutzen würden. Denn alles, wirklich alles, lässt sich logisch erklären, erforschen und verstehen.

Ich als Analytiker weiß folgendes: Wer keine Fehler macht, ist unfehlbar und unantastbar. Dieses Perfekt-sein schützt mich vor unangenehmen Erfahrungen und gibt mir Sicherheit. Ich bin dann okay, wenn ich möglichst fehlerfrei, perfekt bin. Nur durch meine Leistung kann ich wertvoll sein.

Mich faszinieren Struktur und Ordnung. Erfolg ist Wissen und Erfahrung und alles Handeln braucht immer eine Strategie.

Überzeugungen der

Bewahrer:

Um diese Welt wäre es besser bestellt, wenn die Menschen mehr Respekt voreinander hätten und den richtigen Werten und Überzeugungen folgen würden. Beständigkeit in den Ansichten und Beharrlichkeit in der Erreichung von Zielen sind das Wertvollste am Menschen.

Ich als Bewahrer bin fest überzeugt davon: Ich selbst bin okay, wenn ich perfekt bin und ich muss andere dazu bringen fehlerfrei zu arbeiten, dann wird doch alles gut gehen. Ich muss mich auf das konzentrieren, was nicht funktioniert und ich muss mich darum kümmern, dass andere die richtige Überzeugung haben, sonst passiert etwas Schlimmes.

Von anderen erwarte ich eher das Negative. Damit bewahre ich mir Sicherheit und Kontrolle und erspare mir Enttäuschungen.

Überzeugungen der

Kreativen:

Auf dieser Welt wäre alles so viel einfacher, wenn die Menschen nicht alles so ernst nehmen würden. Jetzt im Augenblick zu leben und zu genießen ist doch das, was das Leben lebenswert macht. Und „eigentlich" wünsche ich mir so ein Leben!

Ich als Kreativer reagiere oft nach dieser Überzeugung: Wenn ich mich recht anstrenge und das den anderen deutlich zeige, dann wird man mir die Arbeit schon abnehmen. Das Leben ist „eigentlich" unüberwindbar. Die einzige Rettung besteht darin, dass mir andere dabei helfen. Die anderen werden nur dann auf mich aufmerksam, wenn ich meine Gefühle und mein Verhalten deutlich zeige.

Überzeugungen der

Aktiven:

Man könnte aus dieser Welt so viel machen, wenn die Menschen nur aktiver wären. Wir Menschen sind doch dazu da, uns die Welt untertan zu machen und unser Glück und unseren Nutzen zu bekommen.

Ich als Aktiver handle nach folgender Überzeugung: Die Umwelt ist hart, rücksichtslos und eine ständige Herausforderung. Ich behalte die Initiative und verhindere damit, dass ich von anderen enttäuscht oder missbraucht werde. Ich muss stark sein und sollte keine Gefühle zeigen.

Die Überzeugungen der

Ruhigen:

Die Welt wäre eine Bessere, wenn die Menschen nicht so sehr auf Äußerlichkeiten fixiert wären und sich stattdessen mehr auf die inneren Werte besinnen würden.

Ich als Ruhiger habe ein Bild von mir: Ich muss so stark und unabhängig wie möglich sein, damit ich auf niemanden angewiesen bin und nicht enttäuscht werden kann. Ich brauche niemanden und bin auch niemandem verpflichtet.

Ich halte mich zurück und zeige keine Gefühle, dann werden mich die anderen schon akzeptieren. Ganz allgemein: Abstand zu anderen ist sehr sinnvoll.

Diese grundlegenden Überzeugungen über uns selbst, über die anderen und die Welt an sich, geben uns im täglichen Leben Orientierung und eine schnelle Einschätzung bestimmter Situationen. Andererseits beeinflussen sie unsere Wahrnehmung, filtern und verändern sie. Damit wird unsere

Wahrnehmung in Richtung unserer Überzeugungen und Grundeinstellungen „verbogen".

Die Überzeugungen im Überblick:

> Menschen haben Überzeugungen, sogenannte Grundeinstellungen zu sich, zu anderen und zur Welt.
>
> Die typischen Überzeugungen der sechs SIZE Success Persönlichkeiten:
>
> Einfühlsame – Beziehungen und Harmonie sind das Wichtigste im Leben.
>
> Analytiker – Denken und Logik sind das Entscheidende.
>
> Bewahrer – Werte und Beharrlichkeit sind das Edelste des Menschen.
>
> Kreative – „Nimm's leicht!" (Das Leben ist hart genug!)
>
> Aktive – Initiative zeigen, anpacken, sich durchsetzen!
>
> Ruhige – Ruhe und Abstand sind das Elementare im Leben.

☞ Die grundlegenden Überzeugungen der Persönlichkeiten bei uns und bei anderen erkennen.

Gar nicht so schwierig. Wirklich nicht!
Häufig ist es so, dass Menschen sehr schnell mit ihren Überzeugungen und Grundeinstellungen argumentieren, sobald es um die für sie wirklich wichtigen Angelegenheiten und Bedürfnisse geht. (Okay – es gibt tatsächlich auch Leute die durchgängig „grundsätzlich" argumentieren.)
Sie können das rasch erkennen, wenn in Gesprächen, Diskussionen, Auseinandersetzungen und Streitigkeiten der eigentliche Anlass, das Thema, der Inhalt aus dem Blick gerät.
Stattdessen werden dann mehr und mehr die Überzeugungen und Grundsätze der Beteiligten zum Inhalt.
Es fallen Worte wie: Immer, nie, jeder, keiner, alle, grundsätzlich, unmöglich, dauernd, absolut ...
Worte und Begriffe, die wir „grandios" nennen, weil sie von eher unrealistischen Grundannahmen ausgehen.

Diese Worte und Begriffe sind deutliche Hinweise darauf, dass die Beteiligten wahrscheinlich weit weg von der Realität, der „Wirklichkeit" sind und „verdeckt" über ihre unterschiedlichen Überzeugungen und Grundeinstellungen diskutieren.

✍ Übung

Während Sie vorher die Überzeugungen der einzelnen Persönlichkeiten gelesen haben, sind Ihnen unter Umständen auch eigene Überzeugungen, Einstellungen und „elterliche Botschaften" eingefallen.
Wenn Sie wollen, können Sie gerne noch weiter Ihre persönlichen Grundeinstellungen erforschen. Die folgenden Fragen können dabei hilfreich sein:

Finde ich mich selbst okay oder eher nicht okay?
Was sind meine Gründe dafür?

Finde ich die anderen okay oder eher nicht okay?
Was sind meine Gründe dafür?

In drei Sätzen zusammengefasst, würde ich mich selbst so beschreiben:

Meine drei, für mich typischen Überzeugungen von mir, den anderen und dem Rest der Welt sind:

✍ Übung

Erinnern Sie sich noch an die Geschichte auf Seite 24? Wie hätte Berndt noch reagieren können, wenn er andere Überzeugungen hätte?

Wozu tendiere ich mit meinen Überzeugungen?

Wenn Sie sich die Überzeugungen und Grundpositionen der sechs Persönlichkeiten durchlesen, dann überlegen Sie bitte oder achten Sie auf Ihr Gefühl, welche davon für Sie in welcher Rangfolge zutreffen.

Geben Sie bitte den Überzeugungen Ihre persönliche Rangreihe von 1 bis 6.

◯   Beziehungen und Harmonie sind das Wichtigste im Leben.

◯   Denken und Logik sind das Entscheidende.

◯   Werte und Beharrlichkeit sind das Edelste des Menschen.

◯   „Nimm's leicht!" (Das Leben ist hart genug!)

◯   Initiative zeigen, anpacken, sich durchsetzen!

◯   Ruhe und Abstand sind die Essenz des Lebens.

Kontakt

Was für ein hektischer Arbeitstag! André ist schon den ganzen Tag voll im Stress, Termine, Telefon, dringende Jobs, das Well-lax pro 90 F Plus-Projekt, und ... Jetzt soll er noch schnell zu Michael rüber und die neuen DVDs abholen. Auf dem Flur begegnet er Elisabeth.

„Hallo André, wieder im Haus? Schön!" sagt Elisabeth freundlich. „Und, wie war's denn in Portugal? Hast du dich gut erholt? Und, wie fühlst du dich heute? Du siehst ja richtig braun gebrannt aus! So richtig urlaubsmäßig ..." „Ja, ja! Muss schnell zu Michael rüber ..." entgegnet André und schon ist er um die Ecke verschwunden.

Elisabeth wundert sich, schüttelt den Kopf und geht in die Kantine.

Im zweiten Stock kommt sie bei Herbert vom Servicedesk vorbei. Er telefoniert, ganz engagiert, wie es scheint.

„... ja natürlich ist das inklusive! Ja, selbstverständlich! Gerne. Bestimmt morgen bis spätestens 11.00 Uhr! Ja, verlassen Sie sich darauf, ich gebe Ihnen mein Wort. Gerne, für Sie als unseren Kunden doch immer. Klar, gerne. Ja, danke! Tschüss!"

Herbert legt den Telefonhörer auf und grinst Elisabeth freundlich an, macht eine ausladende Handbewegung, das Telefon klingelt schon wieder.

Nachdenklich setzt Elisabeth ihren Weg zur Kantine fort.

„Manchmal klappt's mit dem Kontakt", denkt sie sich, „Manchmal wieder nicht ... Woran das wohl liegt?"

Situationen wie diese kennt jeder von uns aus dem beruflichen wie auch privaten Leben. Manchmal klappt das wie von selbst mit dem Kontakt zum anderen, manchmal ist es mühsam und manchmal will es überhaupt nicht funktionieren.

Was ist das überhaupt: Kontakt?

Im Kontakt sein bedeutet, mit einem anderen Menschen so etwas wie eine gemeinsame „Wellenlänge" zu haben. Beide Partner sind auf Empfang und gleichzeitig auf Senden eingestellt. Wechselseitiges Senden und Empfangen.

Nur wenn die beiden Sende- und Empfangs-„Kanäle" auf die gleiche Frequenz eingestellt sind, kommt es zum Kontakt mit dem anderen. Natürlich muss das nicht nur mit Worten sein, auch ohne Worte, nicht-sprachlich (= nonverbal) können wir mit anderen in Kontakt kommen. Durch entsprechende Mimik, Gestik und Körpersprache kann ich dem anderen meine derzeit eingestellte „Frequenz" anzeigen.

Sehr viele Menschen scheinen der Ansicht zu sein, dass Kontakt etwas ist, was quasi von selbst passiert – oder eben nicht. Oft haben Menschen Schwierigkeiten damit, mit anderen in Kontakt zu kommen, weil sie glauben, „es" müsste von selbst passieren. Oder sie hoffen darauf, der andere werde sich mit seinem Kontaktverhalten schon auf sie einstellen.

Und wieder andere Menschen, wir werden später noch sehen, welche, haben überhaupt keine Probleme mit dem Kontakt zu anderen. Sie kommen mit jedem Menschen zu jeder Zeit in Kontakt.

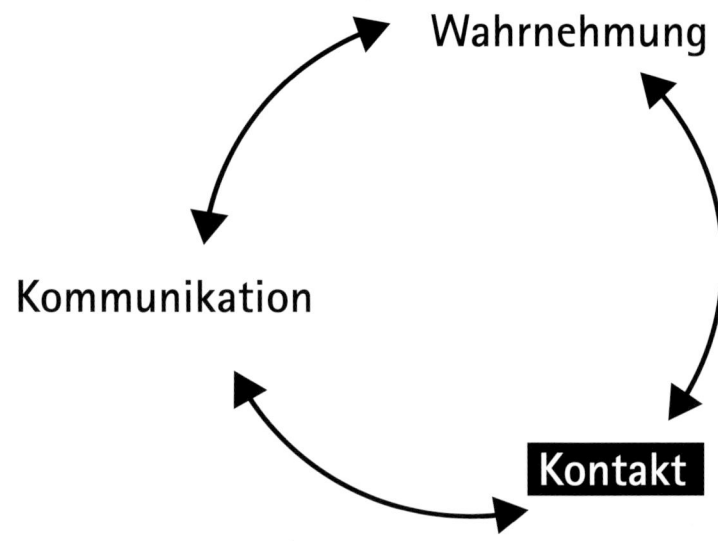

☞ Kontakt passiert nicht von selbst!

Wir müssen eine gewisse Energie investieren, um die Wellenlänge, die „Frequenz" zu finden, mit der wir den anderen erreichen können. Oder weniger technisch ausgedrückt: Es bedarf eines gewissen Einsatzes, um offen für andere zu sein! Wir müssen psychische Energie dafür aufwenden, um mit anderen in Kontakt zu kommen.

Wir müssen den Kontakt wollen, sonst passiert nichts. Wenn wir verschlossen sind, unsere Antennen eingefahren haben, dann werden wir kaum etwas wahrnehmen und schon gar nicht in Kontakt kommen.

In Kontakt mit anderen zu kommen ist also eine absichtliche Handlung, für die wir Energie investieren müssen – Je nach Persönlichkeit mehr oder weniger.

Der Kontakt an sich, das miteinander im Kontakt sein, ist dann ein Prozess, in dem wir uns immer wieder gegenseitig aufeinander einstellen müssen. Wir bleiben also nicht ständig im Kontakt mit dem anderen, quasi eingeschaltet wie eine Lampe.

Im Gegenteil, es ist ein Prozess von miteinander in Kontakt kommen und wieder aus dem Kontakt gehen.

Wir können uns das ungefähr so vorstellen:

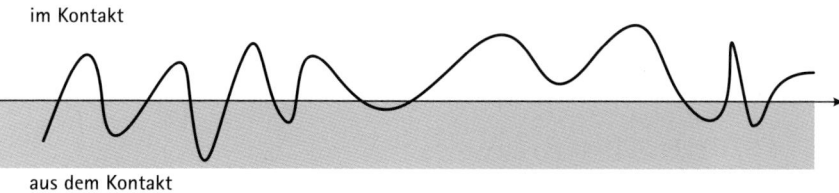

im Kontakt

aus dem Kontakt

Wir sind also nicht dauernd im Kontakt mit anderen. Im Verlauf einer ganz alltäglichen Begegnung, aber auch in einem intensiveren Gespräch kommen wir miteinander in Kontakt und gehen wir wieder aus dem Kontakt.

Dann kommen wir wieder in Kontakt, gehen wieder aus dem Kontakt ... Ganz „normal", ganz alltäglich!

Gut, wir wollen nochmals zurückgehen zu der Frage:

Wie kommen wir überhaupt in Kontakt mit anderen?

Nun, hier gibt es sicher die unterschiedlichsten Vorgehensweisen, Methoden, vielleicht auch Tricks. Entscheidend ist auf jeden Fall, dass wir die „richtige" Zugangstüre finden!

Die „richtige" Zugangstüre ist diejenige, auf die der andere mit der größten Wahrscheinlichkeit reagieren wird und wir in Kontakt mit ihm kommen können.

Wenn wir eine Idee über die Persönlichkeit des anderen haben, dann wissen wir mit der SIZE Success „Landkarte" auch, was seine bevorzugte Zugangstüre ist.

Wir können drei grundsätzlich verschiedene Zugangstüren unterscheiden:

Denken – Fühlen – Handeln

Das bedeutet, Menschen finden bevorzugt über eine dieser drei Arten den Zugang zum anderen:

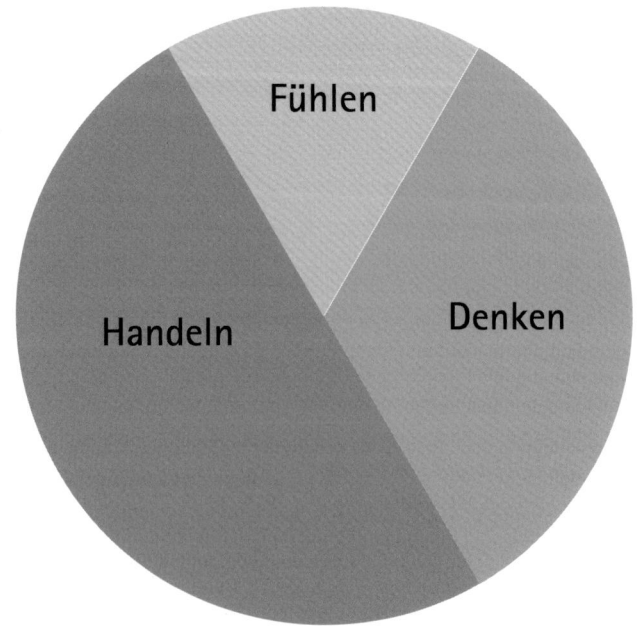

Die einen finden schnell den Kontakt über die Zugangstür **Fühlen.** Was sagt Elisabeth? „Ah, schön dich zu treffen! Ein herrlicher Morgen mit dieser Sonne. Man fühlt sich doch gleich wie neugeboren, oder? Und, wie geht es dir? Hattest du ein schönes Wochenende?"

Und schon könnte sich ein gefühlvolles Gespräch über den schönen Morgen entwickeln und über die Gefühle und Empfindungen der beiden Gesprächspartner.

Und hier kommt André: „Guten Tag. Es wird heute wohl warm werden. Von sieben bis acht Uhr ist das Thermometer bereits um 6° C gestiegen. Wenn ich das kurz hochrechne, dann haben wir mittags um zwölf Uhr über 30° C."

Die Zugangstür **Denken.** Wenn der Gesprächspartner darauf eingeht, kann ein sehr sachliches Gespräch entstehen.

Zuletzt Michael zu diesem Morgen: „Hi, guten Morgen! Enorm heiß heute früh. Macht bitte gleich die Fenster zu und schaltet die Klimaanlage ein. Dann lasst uns loslegen. Was gibt's heute zu tun?"

Die Zugangstür **Handeln.** Energiegeladen, bereit zum schnellen, sofortigen Handeln.

Entscheidend für den Kontakt ist, dass der andere unser Kontaktangebot wahrnimmt und die gleiche Zugangstür bevorzugt. Natürlich kann sich jeder von uns auf unterschiedliche Zugangstüren einstellen – wenn wir „gut drauf" sind, mit Energie geladen sind.

Und dennoch, wir kommen immer wieder unbewusst zu unserer bevorzugten Zugangstüre zurück.

Und, wir können uns vorstellen was passieren würde, wenn zwei oder mehr Gesprächspartner keine Rücksicht auf die jeweils bevorzugte Zugangstüre nehmen und jeder nur auf seiner bevorzugten Art des Kontakts beharrt:

„Oh, hallo! Guten Morgen. Ist es nicht wunderschön, diese Sonne, diese Wärme ... Fast so, als wäre man im Süden. Ein herrlicher Tag ..."

„Ja, Morgen auch! Wie hoch steht denn das Thermometer überhaupt?"

„Ähh ..."

Und der Dritte, er hastet in Eile an den beiden vorbei: „Morgen zusammen! Heiß heute! Man muss sofort den Hausmeister verständigen, damit die Klimaanlage eingeschaltet wird. Bis später dann!"

☞ Für einen erfolgreichen Kontakt hilft es, auf die bevorzugte Zugangstür des Gegenübers zu achten und sich darauf einzustellen.

Welchen Kontakt bevorzugt mein Gegenüber:
Über Fühlen? Über Denken? Über Handeln?

Denken, Fühlen, Handeln sind die drei „Startpositionen" für den Kontakt.
Das reicht zur Orientierung in vielen Fällen bereits aus. Die SIZE Success
Persönlichkeiten haben folgende bevorzugte Zugangstüren:

> Fühlen ist die Zugangstüre der Einfühlsamen.
>
> Denken ist die Zugangstüre der Analytiker und Bewahrer.
>
> Handeln ist die Zugangstüre der Aktiven, Kreativen und Ruhi-
> gen.

Wir können noch etwas differenzierter an die sechs Persönlichkeiten und
ihre Zugangstüren herangehen und unterscheiden die Zugangstüren
folgendermaßen:

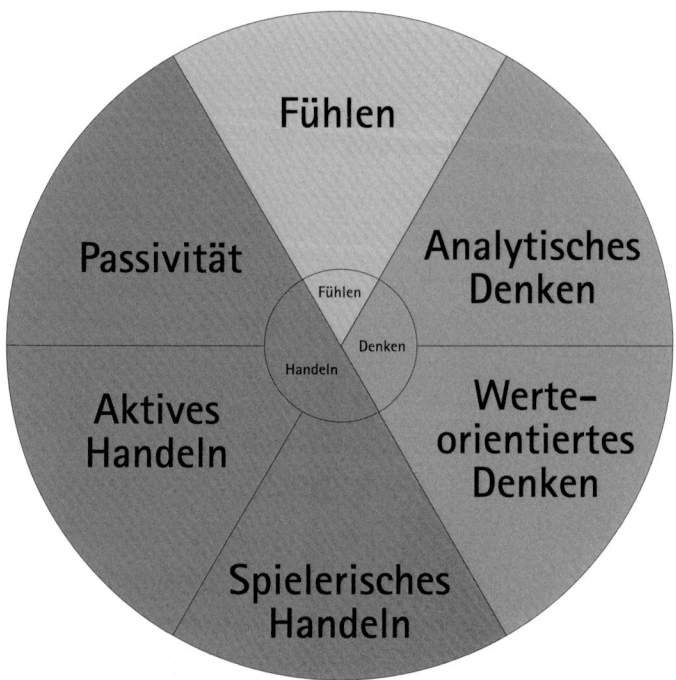

Für die Zugangstüre Fühlen des Einfühlsamen gibt es keine weitere Unterteilung.

Beim Denken können wir das analytische Denken des Analytikers vom werteorientierten Denken des Bewahrers unterscheiden.

Beim Handeln als Zugangstüre gibt es drei unterschiedliche Formen. Das aktive Handeln des Aktiven, das spielerische Handeln des Kreativen und die Passivität beim Ruhigen.

Sechs unterschiedliche Zugangstüren für die sechs Persönlichkeiten. Jede Persönlichkeit hat ihre „Vorlieben", wie sie mit anderen in Kontakt kommen will. In der Praxis genügt es meist, beim Gegenüber darauf zu achten, ob er bevorzugt über Denken, Fühlen oder Handeln in Kontakt kommen will. In schwierigen Situation kann es zusätzlich hilfreich sein, auf die sechs unterschiedlichen Zugangstüren zu achten.

Kontaktangebote in einer der Zugangstüren laden den anderen ein, mit uns in Kontakt zu kommen. Und, wir können niemanden zwingen mit uns in Kontakt zu kommen.

Wie erkenne ich die bevorzugte Zugangstür bei anderen?

Die meisten Menschen senden unbewusst Signale aus, ob sie in Kontakt kommen wollen oder nicht und, welche Art von Kontakt sie gerade bevorzugen. Entscheidend ist es, diese sprachlichen und auch nicht-sprachlichen Signale wahrzunehmen, sie überhaupt zu bemerken.

Da diese Signale mit Kommunikation verbunden sind, werden wir sie im nächsten Kapitel Kommunikation besprechen.

Warum ist der Kontakt, die Zugangstüre so wichtig?

Weil wir, bevor wir unsere Botschaften und Kommunikationsinhalte 'rüber bringen können, mit dem anderen im Kontakt sein müssen.

Wir können uns das wie beim Smartphone vorstellen: Erst wenn das Gerät Empfang hat, im Kontakt mit der nächsten Antenne ist, können wir mit dem

Gesprächspartner kommunizieren, kann auch unser Gerät unsere Inhalte weiter senden.

Tatsächlich erleben wir es häufiger, dass Menschen, ohne im Kontakt mit dem anderen zu sein, ihre Botschaften senden. Sie sprechen in das Smartphone, das entweder keinen Empfang (mehr) hat oder nicht senden kann.

Kontakt kommt vor Kommunikation!
Die Kontakttüren sind

	Fühlen	Einfühlsame
Analytisches	Denken	Analytiker
Werteorientiertes	Denken	Bewahrer
Spielerisches	Handeln	Kreative
Aktives	Handeln	Aktive
Passives	Handeln	Ruhige

✏ Übung

> Achten Sie bei den nächsten Kontakten die Sie haben werden darauf, die Unterschiede zwischen Fühlen, Denken oder Handeln zu erkennen.
> Es wird Ihnen verblüffend schnell gelingen!

✏ Übung

> Sicher haben Sie schon eine Idee, welches Ihre bevorzugte Kontakttüre ist. Eine spannende Übung ist, in bestimmten Situationen, es muss ja nicht sofort das wichtige Kundengespräch sein, ein anderes Kontaktmuster zu verwenden. Wenn Sie üblicherweise Fühlen als Ihr Kontaktmuster bevorzugen, dann nehmen Sie doch „übungshalber" mal mit jemanden über werteorientiertes Denken Kontakt auf. Die Möglichkeiten sind vielfältig und es macht Spaß ...

Und Sie trainieren sich darin, auf unterschiedliche Art mit unterschiedlichen Menschen in Kontakt zu kommen.

✍ Übung

Jetzt wird es ein wenig „aufregender" – Nur zur Übung, natürlich! Ignorieren Sie doch mal die von Ihrem Gesprächspartner angebotene Kontakttüre und reagieren Sie anders als üblich. Also statt der Denken-Türe mit der Fühlen-Türe. Und bleiben Sie einige Zeit in dieser „falschen" Kontakttüre. Selbstverständlich werden Sie Ihren Gesprächspartner später über das Experiment aufklären.

Sie werden feststellen, wie schnell es mit der „falschen" Kontakttüre zu Missverständnissen und Kontaktabbruch kommen kann.

Meine persönliche Einschätzung

Wie nehme ich Kontakt auf?

Auf welche Kontaktangebote reagiere ich bevorzugt?

Geben Sie bitte den sechs Kontaktmustern bzw. Kontakttüren Ihre persönliche Reihenfolge von 1 bis 6.

○ Fühlen

○ Analytisches Denken

○ Werteorientiertes Denken

○ Spielerisches Handeln

○ Aktives Handeln

○ Passivität

Kommunikation

André ist in Michaels Büro!

„'n Morgen André. Was haben Sie denn da gemacht?" fragt Michael.

André zuckt zusammen, er sollte doch nur die DVDs abholen. Er denkt und grübelt ... Dann fragt er: „Wie, hm, was meinen Sie?"

„Nun, die Analyse zum Well-lax pro 90 F Plus! Das war doch wirklich dringlich! Mehr als dringlich ..."

„Ach so, die Analyse." André atmet hörbar auf. „Wir mussten da ja jede Menge Details bedenken und gründlich recherchieren. Das ist eine große Sache, auch wegen der Vernetzung und der Alpha-Streamer-Integration an den 2020er-Oxy-Konverter. Meier-Ramstett hat, wie Sie ja wahrscheinlich wissen, nicht sofort geantwortet und die Zahlen von Jainzyck waren am Anfang komplett falsch. Logischerweise konnten wir damit nichts anfangen. Dann ist am 21. auch noch die Cloud komplett abgestürzt, wegen der Wartungsarbeiten in Section M und Heinrich Grossm..."

„Ja, ja! Schon gut", unterbricht ihn Michael, „Und, was haben Sie damit gemacht? Ist die Analyse schon bei Melberg?" Michael trommelt mit den Fingern auf die Schreibtischplatte.

André ist jetzt völlig verwirrt. Die Übersicht hat er doch schon vor seinem Urlaub zu Melberg gebracht.

„Also, äh, die hat Melberg vor meinem Urlaub bekommen!"

„Na prima, André, und hier sind die neuen DVDs für Ihre Abteilung. Schönen Tag!" Und schon ist er wieder auf dem Flur.

Jetzt versteht André überhaupt nichts mehr. Während er in sein Büro zurückgeht, grübelt er: Michael wollte doch von mir etwas wissen. Dann will ich ihm die Informationen geben, aber da hört er gar nicht zu und das war's dann? Komisch, komisch! André entscheidet sich, bei Gelegenheit mal darüber nachzudenken oder in seinem SIZE Success Reader nachzulesen. Jetzt muss er aber schnell die DVDs sichten.

Waren André und Michael in dieser Situation im Kontakt miteinander? Hatten sie eine gleiche Wellenlänge? Eine erfolgreiche Kommunikation? Nicht wirklich!

Es scheint eher so gewesen zu sein, dass die beiden aneinander vorbei geredet haben, dass keine wirkliche Kommunikation entstanden ist. Möglicherweise haben beide unterschiedliche Kommunikationsmuster benutzt. Unterschiedliche Persönlichkeiten scheinen die beiden ja zu sein.

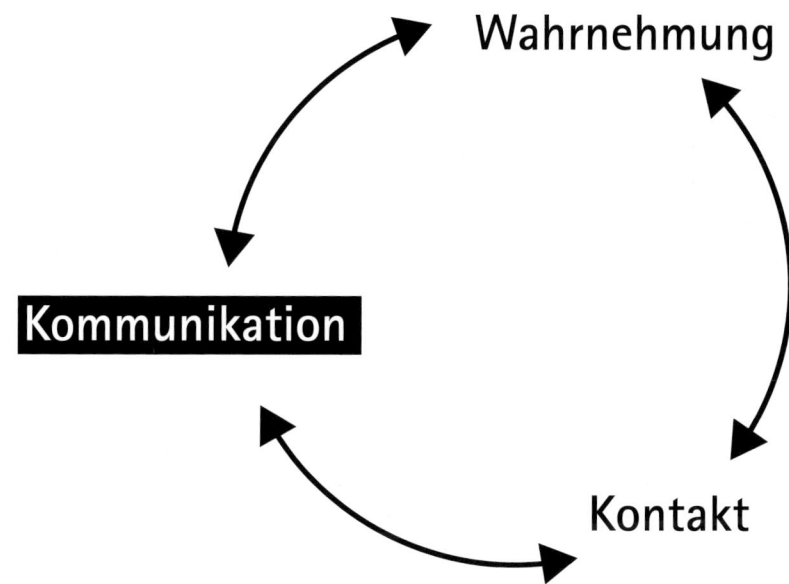

Die „Sprache" der verschiedenen Persönlichkeiten

Die Kontakttüre und die „Sprache", die Kommunikation der verschiedenen Persönlichkeiten gehören zusammen. Über die passende Kontakttüre beginnt der Einstieg in die Kommunikation. So finden wir den Kontakt zum anderen und können dann die folgende Kommunikation in der „richtigen" Sprache, mit dem „besten" Kommunikationsstil für die jeweilige Persönlichkeit gestalten.

Natürlich können die meisten Menschen, vor allem wenn sie stressfrei sind, auf die verschiedenen Kontaktangebote reagieren, unterschiedliche „Sprachen" sprechen und die unterschiedlichen Kommunikationsstile benutzen.

Dennoch kann man in der Praxis immer wieder feststellen, dass die sechs Persönlichkeiten ihre bevorzugten Kommunikationsmuster haben.

Wenn wir eine Idee, eine Annahme von der Persönlichkeit unseres Gesprächspartners haben, dann können wir unseren Kommunikationsstil darauf einstellen und so unsere Inhalte, unsere Botschaften besser und verständlicher vermitteln.

Und umgekehrt: Wenn wir auf den bevorzugten Kommunikationsstil unseres Gegenübers achten, bekommen wir neben dem Inhalt der Kommunikation auch wichtige Hinweise auf seine Persönlichkeit.

Diese Hinweise und Indizien sind nachfolgend für die sechs verschiedenen Persönlichkeiten beschrieben. Natürlich können wir noch nicht mit einem einzelnen Wort oder einer speziellen Redewendung alleine auf die Persönlichkeit unseres Gesprächspartners schließen. Werden es jedoch mehr und mehr Worte und Sätze, so kann uns das in der Annahme über die im Vordergrund stehende Persönlichkeit unseres Gesprächspartners bestärken. Und uns weitere Hinweise für die Verwendung des passenden Kommunikationsstils und eine erfolgreiche Kommunikation geben.

Kommunikationsstile und Persönlichkeit

Fürsorglich-einfühlsamer Kommunikationsstil

Aus diesem Kommunikationsstil heraus interessieren sich Einfühlsame vor allem für andere Menschen und zwischenmenschliche Beziehungen. Sie sprechen gerne und ausführlich über Wohlbefinden, Gefühle und Beziehungen, (Arbeits-)Gruppen und Familie. Jederzeit bieten sie gerne ihre Hilfe und Unterstützung an, erspüren die Wünsche und Bedürfnisse der anderen, geben Ratschläge und sorgen sich um das Wohlbefinden der anderen.

In ihrer Kommunikation aus dem fürsorglichen Kommunikationsstil heraus, sind Einfühlsame eher ausführlich und benötigen Zeit für den kommunikativen Austausch. Gerne stellen sie Fragen nach dem Befinden, wobei es ihnen weniger um die Information an sich geht, sondern mehr um das Erspüren der Befindlichkeit des anderen.

Einfühlsame senden häufig „Ich-Du-Botschaften", wie „Ich sehe, Sie sind ...!" „Das kenne ich .../Mir geht es ähnlich ...!" „Wie geht es Ihnen? Mir geht es ...!" „Wie fühlen Sie sich (mit ...)? Ich empfinde ..." „Kann ich Ihnen helfen? Das mache ich gerne, da ..." „Ist Ihnen das angenehm? Also ich ..." „Haben Sie damit ein gutes Gefühl? Ich selbst spüre nämlich ..."

Einfühlsame verwenden häufiger als andere Persönlichkeiten die Worte: Gefühl, ich fühle..., ein gutes Gefühl haben, angenehm, unangenehm, ängstlich, freudig, spüren, unwohl, berührt sein, herzlich, harmonisch, glücklich, liegt mir am Herzen, traurig, sanft, mögen, befürchten, angenehm, verlockend, erschrecken.

Informativer Kommunikationsstil

Informativ-analytischer Kommunikationsstil

Der informativ-analytische Kommunikationsstil der Analytiker ist gekennzeichnet durch Fragen und die Weitergabe von Informationen. Informationen bekommen, verarbeiten und weitergeben ist ihr bevorzugter Stil, mit anderen in Kontakt und Kommunikation zu treten.

Analytiker haben ein sehr starkes Interesse an objektiven Daten, Fakten und Informationen. Sie bleiben in der Kommunikation gerne sachlich – bei der Sache. Sie tendieren dazu, alle Details wissen, überdenken und besprechen zu wollen. Sie stellen häufig Fragen: „Wer", „was", „wann","wo", „wie" „Was denken Sie über ...?"

Sie verwenden häufiger als andere Persönlichkeiten Worte wie: Ich denke, exakt, richtig, logisch, 100 Prozent, das sind die Tatsachen, stimmt, genau, mein Gedanke ist ..., Analyse, mit System, rechnen, welche Optionen, bedeutet das..., Fakten, Informationen, Daten, Zeitrahmen, abschätzen, Kosten, vergleichen, Ziele...

Informativ-werteorientierter Kommunikationsstil

Der informativ-werteorientierte Kommunikationsstil der Bewahrer ist weniger auf Fakten und Daten ausgerichtet, sondern mehr daran, Informationen über die Ansichten, Überzeugungen und Werte des Gesprächspartners zu erfahren und eigene Ansichten, Überzeugungen und Werte weiter zu geben.

Bewahrer sind interessiert an Meinungen und Ansichten. Sie stellen Fragen nach persönlichen Ansichten und Überzeugungen und erklären gerne und ausführlich ihre eigene Meinung und ihre Ansichten: „Meiner Meinung nach ..." „Darf ich Sie nach Ihrer Meinung/Ansicht zu ... fragen? Ich meine dazu ..." „Hier interessiert mich Ihre Meinung!" „Was meinen Sie zu ...?"

Häufiger als andere Persönlichkeiten verwenden sie Worte wie: Richtig, falsch, genau, ich meine, meiner Meinung nach, allgemein ist es so ..., man sollte, ich bin der Überzeugung, Meinung, wollen, glauben, wir sollten/ müssen, bin davon überzeugt, Respekt, Werte, Bewunderung, Treue, Tradition, Ordnung, Mut, beurteilen, Pflichtbewusstsein, Engagement, Ausdauer, Vertrauen, Qualität.

Spielerisch-reaktiver Kommunikationsstil

Der spielerisch-reaktive Kommunikationsstil ist typisch für die Kreativen. Mit diesem Kommunikationsstil geht es weniger um den Austausch von Informationen, sondern um Unterhaltung, um gegenseitige Reaktionen, um Zeitvertreib.

Kreative sind an lockerem, unterhaltsamen Kontakt interessiert, an allem, was zu Reaktionen bei anderen führt. Sie machen gerne Späße und Witze, verdrehen die Bedeutung von Worten oder verbuchseln die Wechselstaben.

„Wow, das ist ja aufregend!" „Hi, das ist ja cool!" „Oh, echt Klasse, das ... !" „Boah, das ... gefällt mir!" „Okay, ein wenig Spaß kann ich jetzt auch gebrauchen!" „Lassen Sie uns eine kurze Pause machen!"

Kreative verwenden häufiger als andere Persönlichkeiten Worte wie: Aufregend, lustig, cool, super, toll, Klasse, mag ich, Spaß, Wow, gefällt mir, gefällt mir nicht, hasse ich. mag ich nicht, super, witzig, originell, Spielerei.

Direktiver Kommunikationsstil

Direktiv-aktiver Kommunikationsstil

Der direktiv-aktive Kommunikationsstil ist der bevorzugte Stil der Aktiven. Es geht ihnen darum, dass sie und andere schnell zum aktiven Handeln kommen. Ausführliche Erörterungen von Befindlichkeiten, Informationen oder längere, unterhaltsame Begegnung sind nicht ihre Sache.

Aktive werden in der Kommunikation schnell aktiv und übernehmen im Gespräch rasch die Führung. Sie hören eher kurz zu, stellen oft rhetorische Fragen, auf die sie selbst antworten und leiten aus Informationen aller Art sofort Aktionen für sich und andere ab. Sie handeln zuerst und denken dann. Und sie sind immer darauf aus, etwas zu „verkaufen".

Häufige Redewendungen können sein: „Ich mache ..." „Was machen Sie (beruflich)? Ich selbst..." „Was kann man da schnell machen/unternehmen? Tun Sie doch gleich ..." „Was machen wir da?" „Welche Lösung haben Sie jetzt für ...?" „Machen Sie bitte sofort ...!"

Aktive verwenden unter anderem folgende Worte häufiger als andere Persönlichkeiten: Schnell, rasch, Treffer, anpacken, loslegen, etwas machen, Bingo, sofort etwas unternehmen, etwas tun, da müssen wir aktiv werden, machen Sie..., ans Eingemachte, Haupttreffer, in Gang bringen, zupacken, Herausforderung, auffallend, einzigartig, sofort, los geht`s, genug geschwätzt, aufregend, wetten, Bedingungen.

Direktiv-passiver Kommunikationsstil

Der direktiv-passive Kommunikationsstil richtet sich an das Handeln. Allerdings ist es hier eher der Empfänger, der die „Direktive" erhält. Die Ruhigen bevorzugen diesen Kommunikationsstil, denn sie schätzen es, wenn sie von anderen klare Anweisungen für ihr eigenes Handeln bekommen.

Ruhige bleiben im Gespräch eher ruhig, abwartend und zurückhaltend. Sie sind nachdenklich und wählen ihre Worte und Sätze wohl überlegt. Sie lassen sich Zeit für ihre Antwort und manchmal mag es so erscheinen, als seien sie gar nicht mehr im Kontakt. Ihre Kommunikation findet in ihnen selbst statt und sie geben sie nur zögerlich nach außen. Typische Redewendungen können sein: „Sagen Sie mir, was Sie von mir brauchen!" „Sagen Sie mir, welches Bild sie von ... haben!" „Berichten Sie mir bitte Ihre Vorstellung von ..." „Erklären Sie mir, worüber Sie nachdenken!"

Ruhige verwenden häufiger als andere Persönlichkeiten folgende Worte: Nachdenken, überlegen, weiß nicht genau, zuhören, begreifen, alleine, überdenken, zurückhalten, ruhig, still, Friede, Zeit, Einsamkeit, abwarten, darüber nachdenken, mir ein Bild davon machen, kann ich mir noch nicht vorstellen, brauche ich noch Zeit, nur keine Aufregung, etc.

Sechs Kommunikationsstile

Diese sechs unterschiedlichen Kommunikationsstile sind unser „Werkzeug-kasten" für die Kommunikation. Wir können aus den Kommunikationsstilen auswählen und denjenigen Stil einsetzen, den wir in einer bestimmten Situation, bei einem bestimmten Partner am erfolgreichsten halten.

Sehr flexibel in der Auswahl der Kommunikationsstile sind wir dann, wenn wir voller innerer psychischer Energie und nicht unter Druck, nicht im Stress sind. Mehr zu Stress dann ab Seite 95.

Geraten wir in Stress, dann wird unsere psychische Energie weniger und wir neigen dazu, nur noch mit einem Kommunikationsstil zu arbeiten. In der Regel ist das der Stil, der zu unserer ausgeprägten Persönlichkeit gehört. Allerdings muss dieser Stil nicht unbedingt der sein, den unser Gesprächs-partner „braucht". Missverständnisse und Konflikte sind daher in Stress-Si-tuationen häufig.

Wann können wir welchen Kommunikationsstil einsetzen?

Das hängt von vielen Faktoren ab: Gesprächspartner, Situation, Inhalte, Zeitdruck, Stressfaktoren, etc.

An folgenden Anhaltspunkten können wir uns bei der Auswahl des geeig-neten Kommunikationsstils orientieren.

Einfühlsam-fürsorglicher Stil

Vorteilhaft

- Bei Einfühlsamen.
- Wenn es um den Austausch von Empfindungen und Gefühlen geht.
- Wenn ich mehr über den anderen als Mensch in seiner Ganzheit er-fahren will.

- Wenn ich menschliche Nähe zum anderen erreichen und verstärken will.
- Wenn ich meine Botschaften gefühlsmäßig näher bringen will.
- In Situationen, in denen wir anderen helfen, sie unterstützen und betreuen wollen.
- Bei Unfällen, in Notsituationen.

Schwierig
- Bei Aktiven, Ruhigen und Kreativen.
- Wenn ich sachliche Informationen brauche oder sachliche Informationen besprechen will.
- Wenn es darum geht, schnell aktiv etwas zu unternehmen.

Informativ-analytischer Stil

Vorteilhaft
- Bei Analytikern.
- Kann bei fast allen Persönlichkeiten eingesetzt werden, wenn der Kontakt stimmt.
- Wenn wir sachliche, objektive Informationen austauschen wollen.
- Wenn es um das Sammeln, Ordnen, Strukturieren von Informationen geht.
- Wenn wir uns mit inhaltlichen Themen, Aufgaben und Problemen auseinander setzen müssen.
- Wenn wir objektive Gegebenheiten oder Sachverhalte prüfen und Vorurteile vermeiden wollen.

Schwierig
- Bei Aktiven.
- Wenn ich mich dem anderen als Mensch zuwenden will.
- Wenn ich als Mensch, als Person gefragt bin.
- In der Anfangs-/Kontaktphase mit anderen Persönlichkeiten als dem Analytiker.

Informativ-werteorientierter Stil

Vorteilhaft

- Bei Bewahrern.
- Wenn wir mehr über die Ansichten, Meinungen, Glaubenssätze anderer erfahren wollen.
- Wenn wir eine „Mission" haben, wenn wir andere von unseren Ideen und Vorstellungen überzeugen wollen.
- Wenn wir für uns wichtige Ansichten und Grundsätze mitteilen wollen.
- Wenn wir eine „Mannschaft", ein Team hinter uns und unsere „Mission" bringen wollen.

Schwierig

- Bei Aktiven und Kreativen.
- Wenn ich mich als Mensch, als Individuum zeigen will.
- In der Anfangs-/Kontaktphase mit anderen Persönlichkeiten als dem Bewahrer.

Spielerisch-reaktiver Stil

Vorteilhaft

- Bei Kreativen.
- Um mit anderen spielerisch in Kontakt zu kommen.
- Zum Zeitvertreib, für „small-talk" und zum zwanglosen Austausch.
- Zur Auflockerung schwieriger oder eingefahrener Gespräche.
- Um andere zu kreativen, ungewöhnlichen Problemlösungen einzuladen.

Schwierig

- Wenn wir im Gespräch inhaltlich etwas erreichen wollen, kann der häufige Einsatz des spielerisch-reaktiven Stils hinderlich werden.
- Bei Einfühlsamen, Analytikern und Bewahrern, wenn sie im Stress sind

Direktiv-aktiver Stil

Vorteilhaft

- Bei Aktiven.
- Wenn es darum geht, rasch Entscheidungen zu treffen und in Aktion zu kommen.
- Wenn wir andere „anspornen" und „aktivieren" wollen.
- Wenn wir uns, unsere Stärken und Erfolge präsentieren wollen.
- Wenn wir Projekte, Aktionen, etc. initiieren, anstoßen wollen.
- Oder auch – wenn wir gewinnen wollen.

Schwierig

- Kann bei Einfühlsamen, Analytikern, Bewahrern und Kreativen schwierig sein, weil sie sich unter Umständen dominiert und bevormundet erleben.
- Wenn die Beziehungsebene nicht klar, nicht geklärt ist. (Wer hat wem was zu sagen)

Direktiv-passiver Stil

Vorteilhaft

- Bei Ruhigen.
- Wenn es darum geht, ein ganzheitliches, umfassendes Bild einer bestimmten Situation zu erarbeiten, zu beschreiben.
- Wenn Gelassenheit, Distanz und Präzision für eine Aufgabe, eine Problemlösung notwendig sind.
- Wenn wir auf eine eher behutsame Art und Weise Anregung zum aktiven Handeln geben wollen.

Schwierig

- Bei Aktiven und Kreativen.
- Wenn rasch Aktionen erreicht werden sollen.

Die Kommunikationsstile zusammengefasst:

Kommunikationsstile	
Einfühlsame	Einfühlsam-fürsorglicher Stil
Analytiker	Informativ-analytischer Stil
Bewahrer	Informativ-werteorientierter Stil
Kreative	Spielerisch-reaktiver Stil
Aktive	Direktiv-aktiver Stil
Ruhige	Direktiv-passiver Stil

☞ **Wahrnehmung, Kontakt und Kommunikation hängen zusammen.**

Erscheint es Ihnen nun kompliziert, den richtigen Kommunikationsstil zu wählen? Oder befürchten Sie gar, es zukünftig „falsch" zu
machen?
Es ist gar nicht schwer! Sie haben im täglichen Leben ja fast immer
mehrere Hinweise auf den bevorzugten Kommunikationsstil Ihres
Gesprächspartners. Seine Art der Wahrnehmung und sein bevor-
zugtes Kontaktmuster geben uns schon eine Idee über unseren
Gegenüber. Nun kann ich mit dem von mir vermuteten Kommunikationsstil einen ersten Versuch unternehmen. Wird mein Ge-
sprächsangebot angenommen – Prima!
Wenn nicht, dann versuche ich es mit einem anderen Kommunikationsstil. Wir haben immer mehrere Möglichkeiten, unsere Botschaft, unsere Inhalte an den anderen zu bringen.
Wichtig ist:

☞ **Aufmerksam sein und den anderen wahrnehmen!**

Mit ein wenig Aufmerksamkeit, ein wenig Beachtung des Gegenübers, des Gesprächspartners bekommen wir so viele Hinweise,
dass es meist sehr einfach ist, den Kommunikationsstil herauszu-
finden, mit dem wir bei unserem Gesprächspartner erfolgreich sein
werden.

Dazu jetzt gleich einige Übungen.

✍ Übung

Das, was wir hier als Kommunikationsstile beschrieben haben, ist etwas, was wir ja selbst tagtäglich tun. Eine gute Übung, den eigenen bevorzugten Kommunikationsstil zu erkennen ist die Analyse der eigenen Mails, Briefe, Memos, und sonstiger schriftlicher Unterlagen.

✍ Übung

Erinnern Sie bitte an eine Gesprächssituation, mit der Sie nicht zufrieden waren oder an einen Kollegen, mit dem Sie häufiger (aus unerklärlichen Gründen) Missverständnisse haben. Prüfen Sie Welchen Kommunikationsstil hat Ihr Gesprächspartner angeboten?

Welchen Kommunikationsstil haben Sie angeboten?

Welchen Kommunikationsstil hätten Sie auch verwenden können, um in dieser Situation/bei diesem Kollegen erfolgreicher zu sein?

Was hindert Sie, bei der nächsten Gelegenheit einen anderen Kommunikationsstil zu verwenden?

✎ Übung

In Ihrer täglichen Kommunikationspraxis gibt es sicher immer wiederkehrende, typische Kommunikationsaufgaben.
Erarbeiten Sie sich dafür einen kleinen „Vorrat" an typischen Kommunikationsmustern für die sechs verschiedenen Kommunikationsstile. Sie beleben und bereichern damit Ihr Kommunikationsrepertoire, werden flexibler in der Kommunikation und erreichen Ihre Gesprächspartner noch besser.
Es ist weiter hilfreich, sich solche Kommunikationsmuster für alle sechs Kommunikationsstile zum Beispiel für typische Konfliktsituationen, für typische Kundeneinwände, etc. zu erarbeiten.
Ihr Repertoire wird zunehmend umfangreicher.

✍ Übung

Kommen wir nochmals auf die Übung aus dem Abschnitt „Wahrnehmung" zurück. Videos und Filme sind auch eine gute Möglichkeit, das Erkennen der verschiedenen Kommunikationsstile zu trainieren. Es gilt wieder: Weniger auf den Inhalt achten, sondern auf
die Art und Weise, wie die Personen miteinander kommunizieren.

Meine persönliche Einschätzung

Mein bevorzugter Kommunikationsstil?

Geben Sie bitte den sechs Kommunikationsstilen Ihre persönliche Reihenfolge von 1 bis 6.

◯ Einfühlsam-fürsorglicher Stil

◯ Informativ-analytischer Stil

◯ Informativ-werteorientierter Stil

◯ Spielerisch-reaktiver Stil

◯ Direktiv-aktiver Stil

◯ Direktiv-passiver Stil

Eigenschaften und Stärken

In der Mittagspause treffen sich Elisabeth und André wieder.

„Hi!" sagt André, „Ich war heute Morgen wohl etwas kurz angebunden." Er versucht ein Lächeln.

„Ooohh, das macht doch gar nichts", findet Elisabeth. „Du warst halt in Gedanken, nicht wahr?"

„Ja, schon..." Er gibt sich einen Ruck. „Weißt du, was ich mich immer und immer wieder frage?

„Nein, sag's mir!" Elisabeth grinst ihn aufmunternd an.

André stellt sein Tablett ab und setzt sich. „Also, was ich mich immer frage, weshalb sind die Menschen so unterschiedlich? Heute war ich doch bei Michael wegen der neuen DVDs und, ... also mit dem komme ich einfach nicht richtig klar!"

Elisabeth ist interessiert. „Was war denn los?"

„Ach ja, zuerst will er etwas wissen und dann sag' ich's ihm und schon kommt er mit einem neuen Thema. Mir erscheint er oft so sprunghaft! Ganz anders als du ..."

„Hm, wie würdest du mich denn so einschätzen?" Elisabeth grinst wieder.

„Nun ja", André ist verlegen, „Du bist mehr menschlich, eher persönlich, lässt dir Zeit für Gespräche, kannst dich in andere einfühlen, und so ...

Aber jetzt bist du dran: Was denkst du über mich?"

„Na ja, so genau kann ich das auch nicht sagen. So gut kennen wir uns ja nicht. Ich habe oft das Gefühl, dass du alles sehr genau nimmst, alles analysieren willst, manchmal auch ein wenig pedantisch bist..."

Nun, lassen wir die Beiden in Ruhe weiter philosophieren.

Und Elisabeth und André haben recht: Unterschiedliche Menschen, unterschiedliche Persönlichkeiten, unterschiedliche Eigenschaften, Stärken und Begabungen.

Das SIZE Success Persönlichkeitsmodell unterscheidet sechs Persönlichkeiten mit ganz speziellen Eigenschaften und Merkmalen, Stärken und Begabungen. Natürlich – wie schon öfter angemerkt – es ist eine „Landkarte", nicht die Wirklichkeit.

Die einzelnen Persönlichkeiten, so wie sie hier beschrieben werden, wird man in der Realität sicher nie in Reinkultur finden. Jeder Mensch ist eine Mischung der verschiedenen Persönlichkeiten, mit ein oder zwei eher vorherrschenden Anteilen.

Die unterschiedliche Ausprägung der Persönlichkeiten beeinflusst unser Verhalten und bestimmt über unsere Stärken, Fähigkeiten und Begabungen. Die Persönlichkeiten charakterisieren uns.

Die Kenntnis über die Eigenschaften, Stärken und Begabungen der verschiedenen Persönlichkeiten ist aus zwei Blickwinkeln hilfreich:

Um sich besser kennen zu lernen, sich selbst besser zu verstehen.

Und um andere zu verstehen. Ihre Verhaltensweisen näher kennen zu lernen und die anderen mit den zu mir unterschiedlichen Eigenschaften und Verhaltensweisen zu verstehen.

Einfühlsame

Eigenschaften

Die Persönlichkeit der Einfühlsamen ist durch folgende Eigenschaften gekennzeichnet: Fürsorglich, warmherzig, verständnisvoll, unterstützend, mitfühlend und kontaktfreudig.

Sie sind Beziehungsmenschen, die offen und herzlich auf andere zugehen und ihre Gefühle zeigen und mitteilen können. Sie sind kooperativ, anpassungsfähig, geduldig, nachgiebig und wohlwollend.

Sie erfassen Menschen und Dinge eher mit Gefühl und Intuition als über Denken. Und für sie geht Beziehung vor der Sache. Sie können gut für eine harmonische Atmosphäre und das physische und psychische Wohlbefinden anderer Menschen sorgen. Und, sie gehen in der Regel auch sehr gut mit sich selbst um und sorgen für ihre Bedürfnisse.

Sie zeigen eine gut ausgeprägte Anpassungsfähigkeit und haben die Fähigkeit, sich ein- und auch unterzuordnen. Einfühlsame schätzen Geborgenheit und Harmonie und sind gut in der Lage, Beziehungen aufzubauen und zu pflegen.

Wenn es um Entscheidungen geht, können sie sehr gut die gefühlsmäßigen Aspekte einbringen. Sie gehen auf andere Menschen zu und fühlen sich wohl, wenn sie von freundlichen Menschen umgeben sind, für die sie da sein können und für deren Bedürfnisse sie sorgen. Sie können anderen das Gefühl geben, liebenswert und wichtig zu sein. Menschlichkeit und Wärme stehen auch im Arbeitsprozess im Vordergrund. Sie haben ein unnachahmliches Gespür für ihre Umwelt, die sie über alle ihre Sinne wahrnehmen.

Stärken

Einfühlsame Menschen sind meist liebenswürdig, charmant, warmherzig und sorgen für die Gefühle anderer. Sie sind gesprächig, gehen offen und herzlich auf andere zu und zeigen ihre Gefühle. Sie haben eine ausgeprägte soziale Orientierung und eine Vorliebe für Tätigkeiten mit anderen Menschen. Gerne arbeiten sie in Bereichen, in denen sie für andere nützlich sein können, sie unterrichten, lehren, bilden aus, betreuen und pflegen.

Im Kontakt, in Gesellschaft, haben sie das Talent, „das Eis zu brechen" und Kontakt aufzunehmen. Sie haben das Bedürfnis, die Zustimmung anderer zu gewinnen und andere zu „umwerben". Eine weitere Stärke ist die Empathie der Einfühlsamen. Sie zeigen ausgeprägtes Einfühlungsvermögen und die Fähigkeit, die Gefühle und Sichtweisen anderer wahrzunehmen. Weiter haben sie ein Bedürfnis nach dauerhaften Beziehungen und die Fähigkeit, diese Beziehungen zu pflegen und auszubauen. Sie besitzen einen Sinn für individuelle Unterschiede und die Wahrnehmung dieser Unterschiede.

Einfühlsame haben das Bedürfnis und die Fähigkeit, in andere zu investieren und empfinden das als sehr befriedigend. Sie tragen zu einem Klima gegenseitiger Unterstützung bei, suchen nach Kompromissen und führen Menschen vertrauensvoll zusammen.

Sie sind vermittelnd, diplomatisch und können gut kooperieren. Sie gehen offen und herzlich auf andere zu und tragen zu einem guten Gruppenklima bei.

Zugang zu Aufgaben und Problemlösungen

Einfühlsame wollen ein Gefühl für ihre Aufgaben bekommen und sich in Lösungen einfühlen. Sie gehen gefühlsmäßig heran und setzen ihre Energie bei den Gefühlen ein. Die Gefühle und Bedürfnisse der Beteiligten sind ihnen manchmal wichtiger als sachlich-inhaltliche Ergebnisse.

Im Team können Einfühlsame die im Zusammenhang mit einer Aufgabenstellung stehenden Gefühle, positive wie negative, einbringen und ansprechen.

☞ **Einfühlsame schätzen sich selbst so ein:**

> Ich bin sehr gerne mit anderen, netten Menschen zusammen und komme mit den meisten auch sehr gut aus. Ich habe schon so ein Gespür dafür, wie es anderen Menschen geht und natürlich kümmere ich mich gerne um sie. So kommt es wohl auch, dass andere gerne auf mich zugehen, wenn sie Sorgen haben und ich ihnen helfen kann. Ich habe wirklich das Gefühl, dass mich die meisten mögen und schätzen.

Analytiker

Eigenschaften

Die folgenden Eigenschaften zeichnen Analytiker aus: Sie sind gewissenhaft, verantwortungsbewusst, zuverlässig, logisch und gut organisiert. Auf andere wirken sie unter Umständen eher zurückhaltend, nüchtern, ernst und rational. Pflichtbewusstsein, Leistungsorientierung und streben nach Perfektion sind weitere Merkmale. Sie sind geschickt, ernst, ausdauernd und produktiv.

In ihren Aufgaben sind sie zielbewusst, strukturiert, planen langfristig und versuchen, Methoden bis zur Perfektion zu verbessern. Sie sind exakt und genau und haben in der Regel ausgezeichnete Sachkenntnisse.

Sie haben ein ausgeprägtes Bewusstsein für Zeit und die Dauer von Arbeiten. Aufgaben und Probleme lösen sie logisch und mit System. Sie können gut Daten sammeln, analysieren und Prognosen erstellen. Zusammenhänge und Strukturen erkennen sie sehr rasch und sie gehen an Aufgaben mit Präzision und hoher fachlicher Kompetenz heran. Es soll alles hundertprozentig richtig sein. Perfektion ist eine Triebfeder ihres Verhaltens und Handelns.

Stärken

Sie sind logisch, organisiert, geschickt, leistungsorientiert und ausdauernd. Sie streben nach Perfektion und sind produktiv. Sie sind leistungsorientiert mit dem Bedürfnis nach Objektivität und Leistungsmessung. Eine weitere Fähigkeit ist ihre Überzeugungskraft, andere mit logischen Argumenten zu beeinflussen und zu motivieren.

Oftmals gehört zu ihren Stärken eine praktisch-technische Orientierung, die auch die Verwendung von Werkzeugen, Maschinen, Computern beinhaltet. Sie verfügen über Ausdauer und die Fähigkeit, Dauerleistungen zu erbringen. Sie haben einen hohen Leistungsdrang und Leistungsfreude.

Sie sind ständig bestrebt, ihre Kompetenz zu erweitern und haben das Bedürfnis nach Können, Meisterschaft und Fachautorität. Ihr Denken dreht sich um Zahlen, Daten, Fakten, technische Angelegenheiten und Details. Analytiker sind Vernunftmenschen, zu deren Stärken Disziplin, Systematik, Korrektheit und Logik gehören. Sie sind Organisationstalente, die arrangieren und die „Fäden ziehen" können.

Sie haben eine ausgeprägte Zielorientierung und die Fähigkeit, Ziele zu setzen und ihr Handeln konsequent an ihnen auszurichten. Und sie können konzeptionell denken, die Dinge in einen Sinnzusammenhang stellen. Eine weitere Stärke ist das strategische Denken, die Fähigkeit zukunftsorientiert zu denken und alternative Szenarien durchzuspielen.

Analytiker haben weiter die Fähigkeit, aus unzusammenhängenden Informationen stimmige Strukturen und „Muster" herauszulesen, bzw. zu entwickeln. Sie verfügen über ein großes Zahlenverständnis und haben Freude am Umgang mit Zahlen.

Zugang zu Aufgaben und Problemlösungen

Analytiker gehen sachlich-logisch an Aufgaben heran. Sie brauchen Daten und Fakten und eine oft umfangreiche Analyse der Situation, bevor sie aktiv werden. Eine gute Theorie ist die Ausgangsbasis für ein erfolgreiches Handeln.

In der Zusammenarbeit können Analytiker in die Rolle eines neutralen Denkers gehen. So können sie das Ziel formulieren, den Lösungsweg strukturieren, planen und kommunizieren.

☞ **Analytiker schätzen sich selbst so ein:**

Für mich ist es logisch, dass man zuerst denkt und dann handelt. Ich schätze zum einen Struktur und Überblick und zum anderen ein gewisses logisches Grundverständnis. Ich erkläre das anderen auch immer wieder. In meinem Aufgabenbereich strebe ich immer nach Kompetenz. Ich schätze andere Menschen, die genauso wie ich an Leistung orientiert sind, keine Zeit vertrödeln und Effizienz für das oberste Gebot halten.

Bewahrer

Eigenschaften

Die Bewahrer zeichnet eine besondere Wachsamkeit, Beständigkeit, Hartnäckigkeit und Ausdauer aus. Sie sind wie ein „Fels in der Brandung", manchmal gepaart mit einer Portion Misstrauen, und immer fest auf ihre Werte und Überzeugungen ausgerichtet.

Sie sind tüchtig, gründlich, belastbar, konsequent, gewissenhaft und zuverlässig. Sie achten auf die Einhaltung von Regeln und Normen und halten an anerkannten Werten fest. Sie bieten anderen stabile und sichere Beziehungen an und können Grenzen setzen.

Sie können anderen das Gefühl von Sicherheit und Vertrauen vermitteln und für Beständigkeit und Kontinuität sorgen.

Ihr Denken ist stark auf Werte, Normen, Überzeugungen, Ansichten und Meinungen ausgerichtet und sie tauschen diese gerne und mit großem Engagement mit anderen aus.

Stärken

Zu den herausragenden Stärken der Bewahrer gehören Wachsamkeit, feste Werte und Überzeugungen und sie sind sehr gewissenhaft. Sie sind beständig, hartnäckig, diszipliniert, eigensinnig und ausdauernd. Sie sind exakte, präzise Beobachter und haben den Mut, ihre Meinungen zu sagen, auch wenn sie für andere unbequem oder kritisch sind.

Sie sind aus eigenem Antrieb leistungsorientiert und orientieren sich in ihrem Leben an bestimmten Leitwerten. Diese Werte setzen sie in Handeln um und können andere von ihren Werten überzeugen. Sie haben eine klare Auffassung von „Richtig" und „Falsch".

Sie übernehmen gerne persönliche Verantwortung für die eigene Arbeit, für das eigene Handeln und sie können strategisch Denken. Also die Fähigkeit zukunftsorientiert zu denken und alternative Szenarien durchzuspielen. Ihr strategisches Denken können sie als Unternehmer auch erfolgreich auf finanziell-wirtschaftlicher Ebene anwenden.

Meist haben sie eine grundlegende Führungsfähigkeit. Sie übernehmen die Verantwortung und können andere anweisen und kommandieren. Sie nehmen die Zügel in die Hand und bewegen andere zum Handeln.

Bewahrer sind mutig und haben das Talent, Widerstände durch Mobilisierung von Wertvorstellungen zu überwinden. Sie sorgen für die Sicherheit anderer, für sichere Lösungen und vermeiden Risiko. Sie sind beständige Menschen, die einen starken Wunsch nach Dauer und Kontinuität haben.

Zugang zu Aufgaben und Problemlösungen

Aufgaben und Probleme sind für Bewahrer am Besten mit Gründlichkeit, Ausdauer und persönlicher Erfahrung zu lösen. Sie beobachten sehr exakt eine bestimmte Situation und vergleichen sie mit ihren Erfahrungswerten. Sie prüfen die möglichen Auswirkungen und schätzen etwaige Risiken ein. Dann suchen sie nach Lösungen, die im Einklang mit ihren inneren Werten und Überzeugungen stehen.

In Gruppen können die Bewahrer die Funktion des kompetenten Skeptikers übernehmen. So können sie ihre Werte einbringen, auf Schwächen und Risiken hinweisen und dafür sorgen, dass Vorschriften, Normen und Regeln bei der Lösungsfindung beachtet werden.

☞ So schätzen sich Bewahrer selbst ein:

Ich strebe nach Beständigkeit! Wo andere häufig – und ich möchte hier auch sagen, typischerweise – mit trivialen Neuigkeiten und Neuerungen kommen, bin doch ich derjenige, der eine Angelegenheit kritisch, und zwar wohlwollend kritisch, hinterfragt. Oft der Einzige, der eine gewisse vernünftige Skepsis an den Tag legt. Ich wäge Vor- und Nachteile ab, auch mit Hilfe meiner Erfahrungen. Grundsätzlich bin ich eher vorsichtig in meinen Einschätzungen, warte ab und beobachte genau, ob und wem ich vertrauen kann. Denn – und das ganz unter uns – wie oft wird doch das Vertrauen durch andere missbraucht!

Kreative

Eigenschaften

Die Haupteigenschaften der Kreativen sind Lebendigkeit, Kontaktfähigkeit, Spontaneität, Unabhängigkeit, Sinnlichkeit und ausgeprägte Kreativität. Sie können sich gut selbst darstellen und sich dramatisch, theatralisch in Szene setzen.

Meist sind sie großzügig, originell und können schnell Kontakte herstellen. Anderen Menschen sind sie humorvoll zugewandt. Sie suchen das Ungewöhnliche, Originelle und überschreiten immer wieder einmal die üblichen „Grenzen". Sei es durch ihr Verhalten, durch ihre Kleidung und sonstige Äußerlichkeiten.

An Aufgaben und Problemlösungen gehen sie spielerisch und locker heran. Sie können andere gut unterhalten und in Gruppen für gute Stimmung sorgen. Sie haben ein besonderes Talent, in schwierigen Situationen die „Schwere" herauszunehmen und mit einem Spaß alles ein wenig aufzulockern.

Stärken

Typisch für die Kreativen sind ihre Unabhängigkeit im Denken und Handeln, ihre Großzügigkeit, ihre Lebendigkeit und ihre kreativen Fähigkeiten. Sie können sich gut selbst darstellen, sinnlich, mit einem Hang zu Wechselbädern der Gefühle – für sich und für andere.

Sie sind häufig künstlerisch orientiert und haben das Talent, kreative Lösungen und Produkte zu schaffen. Sie gestalten gerne Sprache und Musik oder verwirklichen sich als Schauspieler.

Sie brechen bestehende Regeln oder Denkweisen auf, um Neues und Besseres zu erfinden. Sie können Situationen und Dinge trotz möglicher Wissens- und Informationslücken durchdringen und zu neuen, verblüffend kreativen Lösungen kommen.

Eine weitere Fähigkeit der Kreativen ist ihre Kontaktfähigkeit, ihr Talent zum Aufbau und zur Pflege eines ausgedehnten Kontakt- und Beziehungsnetzes. Sie können andere stimulieren und motivieren und Spannung und Begeisterung erzeugen.

Sie sind meist positiv eingestellt mit der Fähigkeit und Neigung, das Leben von der schönen Seite her zu sehen. Sie sind in der Regel attraktive, lebendige, sinnliche Menschen, die sich gerne spielerisch und spontan zeigen.

Zugang zu Aufgaben und Problemlösungen

Kreative gehen spontan und stark interessiert an Aufgaben und Probleme heran. Allzu viel äußeren Zwang, oder (zeitlichen) Druck lehnen sie ab. Ihr Ziel ist eine möglichst spannende, eher ungewöhnliche Lösung, die sich rasch umsetzen und möglichst eindrucksvoll präsentieren lässt.

Im Team können sie für die neuen, innovativen, ja revolutionären Ideen zuständig sein. Sie können an den bewährten Überzeugungen zweifeln, bestehende Wege verlassen und Platz für Neues schaffen.

☞ So schätzen sich Kreative selbst ein:

Oh, ich bin jemand, der schnell mit anderen in Kontakt kommt. Klaro, das ist mir wichtig! Abwechslung und Spaß sind es, damit ich gut drauf bin. Und ich sag' immer wieder zu mir: „Nimm's leicht!" Ja, es stimmt sicher, dass ich immer gerne mal im Vordergrund stehe. Es ist ja nicht so, dass ich das immer brauche, nein. Aber natürlich genieße ich es schon. Das ist doch auch Klasse! Na ja, liegt wohl an meiner Kreativität. Glauben Sie nicht? Na, dann lesen Sie aber mal den Abschnitt da oben noch mal durch.

Aktive

Eigenschaften

Aktive sind zielorientiert, energiegeladen, wettbewerbsorientiert, charmant, oft charismatisch und haben vorwiegend ihren eigenen Vorteil im Blickpunkt. Sie sind überaus flexibel, wenn es um ihre Ziele geht, erfolgreich, verführerisch und immer wieder ein wenig manipulativ. Rasch übernehmen sie die Rolle des Führers oder Leiters und motivieren andere zu Aktion und aktivem Handeln.

Sie können sich und ihre Ideen hervorragend präsentieren und bringen „die Dinge" in Bewegung. Herausforderungen und Veränderungen nehmen sie aktiv an und sind dabei risikobereit. Sie brauchen Erlebnisse von hoher Intensität und schätzen die Abwechslung, Aufregung und das „Drama".

Sie sind in der Regel hoch sportlich eingestellt: Zum einen sind sie selbst oft aktive Sportler, auch in Extrem-Sportarten. Zum anderen erleben sie das gesamte (Berufs-)Leben als sportliche Herausforderung, bei der es nur um eines geht: Um's Gewinnen!

Stärken

Kurz und knapp: Die Aktiven sind zielorientiert, denken gut an sich selbst, sind energiegeladen, impulsiv und anpassungsfähig. Sie werden häufig als charismatisch erlebt.

Sie zeigen sich erfolgreich, charmant und verführerisch. Sie sind geborene Führer und Leiter, die sich und ihre Ideen gut vorstellen und andere motivieren können. Sie sind ständig aktiv und beschäftigen auch gerne andere Menschen für ihre eigenen Ziele. Sie verfügen in der Regel über ein ausgezeichnetes Beziehungsnetzwerk für Kontakte und Leute, die ihnen Arbeit abnehmen.

Sie haben eine ausgeprägte unternehmerische Orientierung und eine Stärke für Tätigkeiten und Situationen, in denen sie andere mit Hilfe der Sprache oder anderer Mittel beeinflussen, um einen wirtschaftlichen Gewinn zu erzielen.

Eine weitere Stärke der Aktiven ist die Fähigkeit, Ziele zu setzen und ihr Handeln konsequent an diesen Zielen auszurichten. Sie können gut die Zustimmung anderer gewinnen und bei anderen Spannung und Begeisterung erzeugen. Sie schaffen es hervorragend, Beziehungen für ihre Ziele zu nutzen.

Sie sind mutig, risikobereit und haben die Fähigkeit, Widerstände durch Begeisterung und Motivation zu überwinden. Sie setzen sich erfolgreich durch, streben ständig an die Spitze und wollen sehr gut verdienen.

Zugang zu Aufgaben und Problemlösungen

Aktiven geht es um schnelle Lösungen und Ergebnisse. Sie lassen sich von zu vielen Details nicht beeindrucken, sondern suchen nach dem großen Wurf, der einfachen, aber endgültigen Lösung. Sie selbst sind Meister darin, komplexe Sachverhalte zu vereinfachen und diese vereinfachte Sicht anderen zu „verkaufen". Sie zeigen kein Angst vor ungewöhnlichen Herausforderungen, sind optimistisch und gehen gerne Risiken in der Umsetzung ein.

Die Rolle des aktiven, überzeugenden und „verführerischen" Optimisten ist für die Aktiven maßgeschneidert. Sie können die Lösungen vorantreiben und Projekte zum Abschluss bringen.

☞ So schätzen sich Aktive selbst ein:

Unsereiner gehört zu den Erfolgreichen im Land! Dazu brauchen Sie ein Netzwerk, die richtigen Kontakte! Risikobereitschaft, Mut und Stehvermögen! Und einen Riecher für besten Gelegenheiten.
Ich packe meinen Chancen schnell und hart an! Da dulde ich keine Verzögerungen. Herausforderungen und ein aktives, aufregendes Leben sind wie Benzin, ach was, wie Kerosin für mich.
Und wenn Sie sich umsehen, sehen Sie es ja selbst: Der Erfolg gibt mir Recht.

Ruhige

Eigenschaften

Ruhige sind zurückhaltend, sensibel und ruhig beobachtend. Sie haben ein ausgeprägtes Vorstellungsvermögen, eine gute Beobachtungsgabe und einen scharfen Verstand. Sie sind phantasievolle Beobachter, die gut alleine sein können. Oft sind sie eher Einzelgänger, die weniger Wert auf Kontakt und Beziehung legen.

Im Rückzug und in der Distanz zu anderen liegt ihre Energiequelle. Gerne übernehmen sie Aufgaben, die ihnen zugewiesen werden und lösen diese mit Ruhe und Abstand. Eine möglichst präzise Anweisung schätzen sie besonders.

Ruhige können gut auf Äußerlichkeiten verzichten und vermeiden es häufig, ihre Gefühle zu zeigen und die Nähe zu anderen Menschen zu suchen.

Stärken

Ruhige sind sensible Menschen mit scharfem Verstand. Sie können gut alleine sein und zurückgezogen für sich arbeiten. Oft sind sie, in tatsächlichen wie im übertragenen Sinne, geschickte Tüftler und Optimierer mit unter Umständen großen Fähigkeiten im mathematischen und naturwissenschaftlichen Bereich, einer intellektuell-forschenden Ausrichtung und oft mit einer ausgeprägten manuellen Geschicklichkeit.

Sie verfügen über eine gute Abstraktionsfähigkeit, eine gute Beobachtungsgabe und einen scharfen Verstand.

Eine weitere ausgeprägte Stärke ist die Fähigkeit, sich Vorstellungen, innere Bilder von Situationen, Gegenständen, Lösungen zu machen. Ruhige können in gewisser Weise die Welt „konstruieren" und bisher „Ungedachtes", „Ungesehenes" beschreiben, zeichnen und malen. Obwohl sie still und zurückhaltend wirken, haben sie häufig den Kopf voller Ideen, Bilder und Pläne.

Ruhige haben die Fähigkeit, aus unzusammenhängenden Informationen zusammengehörende Strukturen herauszulesen oder selbst zu entwickeln. Sie können Ideen und Konzepte austüfteln und die Dinge evolutionär weiterentwickeln und optimieren.

Zugang zu Aufgaben und Problemlösungen

Ruhe und Distanz sind der Zugang der Ruhigen zu ihren Aufgaben. Gerne arbeiten sie alleine und entwickeln so ihr Bild, ihre Vorstellung für ihre Lösung. Das ganzheitliche, umfassende Verständnis und die Durchdringung des gesamten Problems ist ihre Herangehensweise, für die sie Zeit benötigen. Sie schätzen es, wenn sie konkrete Anweisungen für ihre Aufgaben bekommen.

Im Team können die Ruhigen die Rolle des unbestechlichen „Supervisors" übernehmen. Sie beobachten die Entwicklungen und gleichen sie intern mit den Vorstellungen und Vision ab. Etwaige Abweichungen und Fehlentwicklungen werden von ihnen angemahnt.

☞ **So schätzen sich Ruhige selbst ein:**

> Ja, hm, ich brauche schon meine Ruhe und einen gewissen Abstand. Ich habe häufig meine eigenen, ganz genauen Vorstellungen, für die ich Zeit brauche. Mein Kopf ist oft voller Bilder und Ideen, die ich am besten alleine für mich entwickeln und ausdrücken kann.
> Nein, ich erlebe mich nicht einsam. Nun ja, ich habe ja auch Kontakt zu anderen, im Beruf, beim Einkaufen und so ..., manchmal ...

Lassen Sie uns die Eigenschaften und Stärken der verschiedenen Persönlichkeiten zusammenfassen:

Einfühlsame

Warmherzige, sensible, einfühlsame und offene Menschen, denen Kontakt und Beziehung wichtig sind.

Analytiker

Logische, analytische, ordnungsliebende und strukturiert denkende Menschen, die zuverlässig und leistungsorientiert sind.

Bewahrer

Gewissenhafte, wachsame, ausdauernde und disziplinierte Menschen, mit festen Werten, Normen und Überzeugungen.

Kreative

Humorvolle, unabhängige, kreative und kontaktfreudige Menschen, die sich hervorragend selbst darstellen können.

Aktive

Erfolgsorientierte, energiegeladene, anpassungsfähige und charmante Menschen, die andere gut überzeugen können.

Ruhige

Zurückhaltende, stille, introvertierte und bescheidene Menschen, die ein ausgeprägtes Vorstellungsvermögen besitzen.

✍️ Übung

Jeder von uns hat eine breite Palette von Stärken und Begabungen. Und dennoch lassen sich wahrscheinlich auch bei Ihnen gewisse, besonders ausgeprägte Talente erkennen.

Deshalb die Einladung an Sie: Sammeln Sie hier diejenigen Stärken und Begabungen, die typisch für Sie sind und vergleichen Sie anschließend Ihre „Sammlung" mit der Beschreibung der sechs Persönlichkeiten.

Meine Stärken:

Meine persönliche Einschätzung

Meine Energieverteilung in den sechs Persönlichkeiten?

Geben Sie bitte den sechs Persönlichkeiten Ihre persönliche Reihenfolge von 1 bis 6.

◯ Einfühlsame

◯ Analytiker

◯ Bewahrer

◯ Kreative

◯ Aktive

◯ Ruhige

Psychische Bedürfnisse

Elisabeth und André sind immer noch in ihr Gespräch vertieft, als jemand dreimal auf den Tisch klopft. Karl steht da, mit seinem Tablett. „Schnutenpitzel mit Pommes" stöhnt er zweideutig. „Schätze mal, dass das zu meinen Lieblingsgerichten gehört!" Er setzt sich. „Und was habt ihr genommen? Ah, seh' schon, die Bratwürstel, hm, Schwarzwürstel, würd' ich sagen!" Er lacht herzhaft.

Noch bevor Elisabeth und André etwas sagen können, kommt Herbert an den Tisch. „Grüß euch! Wie geht's?" sagt er, legt sein Tablett auf den Tisch und setzt sich zu den anderen. „Heißer Tag heute! Bin gespannt was am Nachmittag noch kommt ...!" Herbert nimmt einen tiefen Schluck von seiner Sauerkirschsaft-Schorle.

„Ach nö, der Rolf. Komm hier rüber, setz' dich zu uns!" ruft Karl, der gerade Rolf bei der Essensausgabe entdeckt hat. Rolf setzt sich eher zögerlich in Bewegung, kommt dann aber zum Tisch. „Hallo!", sagt er, sonst nichts und setzt sich. „Was hast'n du genommen?" will Karl wissen. „Ah, die Hühner-Lasagne. Siehst du, wir beide sind hier die Geflügel-Fraktion!"

„Hmm, schon wieder so was, mit den Unterschieden", meint André, „Jeder hat so seine Vorlieben ..." „Was hat er denn?", will Karl wissen, „Ist er krank?" „Ach Quatsch, wir reden grad über die Unterschiede, über die unterschiedlichen Vorlieben, und so!" erklärt Elisabeth. „Tsaaa, Vor-Lieben", Karl dehnt die Silben und verdreht die Augen.

„Du immer mit deinen Wortspielen", sagt Herbert und sieht André und Elisabeth fragend an. „Das würde mich interessieren. Worum geht es da...?" „Wir hatten es gerade mit den Unterschieden ..., so wie hier beim Essen ja auch!" erklärt André. „Ah, verstehe!" mischt sich Karl wieder ein, „Ich liebe ja mehr das Ausgefallene, Besondere, gut Gewürzte. Darf ruhig scharf sein. Ich ess' ja auch gern mal gebratene Heuschrecken, schmecken lecker ..." „Und darum nimmst heut' ein Putenschnitzel" entgegnet Rolf trocken. Die anderen lachen.

*„Da mag ich halt mehr das feinwürzige, milde, etwas Harmoni-
sches. Das, was mir ein gutes Gefühl beim Essen gibt." erklärt Elisabeth. „Geht mir so ähnlich", meint Herbert, „Ich will während
und nach dem Essen ein angenehmes Gefühl haben. Bloß nichts
übertreiben." „Also ich koch' ja am liebsten selbst", sagt André. „Da
weiß ich was drin ist, kann exakt die Mengen und Zutaten bestimmen. Und ich bin ein guter Koch, sagen jedenfalls die, die schon
bei mir gegessen haben. Und wie ist es bei dir, Rolf?" Rolf lässt die
Gabel sinken, denkt nach.*

*Da mischt sich Karl wieder ins Gespräch: „Was wohl Michael
‚speist' ... Ich tippe mal auf ein Quark-Rosinen-Brötchen mit frisch
soutiertem Rührei á la Tunisie!" Alle am Tisch lachen.*

Lassen wir die vergnügte Runde beim Mittagessen. Sie wissen ja nicht, was
an diesem Nachmittag noch alles passieren wird. Sehen wir uns die Bedürfnisse und Motive von Menschen, den verschiedenen Persönlichkeiten an.

Bedürfnisse gehören zu unserer Existenz als Menschen. Sowohl körperliche
und wie auch psychologische Bedürfnisse.

Zu unseren körperlichen Bedürfnissen gehören unter anderem das Bedürfnis nach Sauerstoff, die Atmung, Herz- und Kreislauffunktionen, Ernährung,
Ausscheidung, Ruhe und Schlaf. Wir müssen unsere körperlichen, physio-
logischen Bedürfnisse regelmäßig und angemessen befriedigen, um unsere
körperliche Gesundheit und Leistungsfähigkeit zu erhalten. Sicher können
wir eine gewisse Zeit auf bestimmte Bedürfnisse verzichten oder auch eher
„ungesund" leben, ohne sofort ein Absinken unserer Leistungsfähigkeit zu
bemerken. Auf Dauer jedoch wirkt sich die Vernachlässigung unserer körperlichen Bedürfnisse auf unseren Energiehaushalt aus. Unsere körperliche
Energie wird weniger, wir sind weniger leistungsfähig, auf Dauer werden
wir körperlich krank.

Genauso, wie wir unsere körperlichen Bedürfnisse befriedigen, müssen wir
auch für unsere psychischen Bedürfnisse sorgen. Zu diesen psychischen Bedürfnissen gehören unter anderem das Bedürfnis nach sinnlicher Anregung,
nach Beachtung, Anerkennung und Zuwendung sowie das Bedürfnis nach
Zeitstruktur. Diese verschiedenen psychischen Bedürfnisse sind eng miteinander verbunden und bei den verschiedenen Persönlichkeiten in unterschiedlichem Maß ausgeprägt. Nicht jeder Mensch hat also die gleichen

Bedürfnisse, sondern sie sind, wie wir später noch sehen werden, höchst unterschiedlich, manchmal sogar ganz gegensätzlich.

Um voller Energie zu sein, müssen wir aktiv für unsere unterschiedlichen psychischen Bedürfnisse sorgen. Die ausreichende Befriedigung dieser Bedürfnisse bringt uns Energie und lädt, bildlich gesprochen, unsere inneren Akkus wieder auf.

Anforderungen, (Arbeits-)Belastungen, äußerer und innerer Stress und Hektik kosten uns Energie und entladen unsere „Akkus". Wenn wir uns dieser Abwechslung von Spannung und Entspannung, von Energie-Entladung und -Aufladung bewusst sind, können wir gut für uns sorgen und ein Gleichgewicht herstellen. Im Idealfall haben wir immer genügend Energie zur Verfügung und müssen nicht „auf Reserve" schalten.

Je besser wir unsere eigenen psychischen Bedürfnisse kennen, über das Bescheid wissen, was uns gut tut, um so besser können wir aktiv für diese Bedürfnisse sorgen. Natürlich können wir, ähnlich wie bei den körperlichen Bedürfnissen, eine gewisse Zeit von „Reserven" leben oder bis an unser Energie-Limit gehen. Wenn wir allerdings auf Dauer unsere psychischen Bedürfnisse nicht angemessen befriedigen, geht unsere Leistungsfähigkeit zurück. Wir werden stressanfälliger, gereizter, ungeduldiger mit anderen, unaufmerksamer, können uns weniger konzentrieren und sind zunehmend weniger in echtem Kontakt mit anderen. Wir entwickeln Symptome des „Burn-out".

Nun, nicht immer gelingt es uns, unsere wirklichen Bedürfnisse zu befriedigen. Wir erleben uns „eingesperrt" in Notwendigkeiten und Gegebenheiten, in berufliche und private Zwänge, die für die unmittelbare Befriedigung unserer Bedürfnisse hinderlich sind. Und wir sind oft überzeugt davon, daran nichts ändern zu können. Dann versuchen Menschen oft, für die echten, ursprünglichen Bedürfnisse Ersatz zu bekommen. Ähnlich wie bei der Ernährung: Das was ich gerne essen möchte und mir guttun würde, kann ich (vermeintlich) nicht bekommen, also esse ich halt etwas, was mir zwar nicht so richtig schmeckt und mir auch nicht wirklich gut tut. Aber der Magen ist voll.

Als Ersatz für die Befriedigung unserer wirklichen Bedürfnisse verwenden wir Menschen vielfältige, oft merkwürdig erscheinende „Manöver" und Verhaltensweisen. Diese Stressmuster finden Sie ab Seite 95.

Doch jetzt wollen wir uns mit den echten, ursprünglichen Bedürfnissen der sechs Persönlichkeiten beschäftigen.

Einfühlsame

Zu den wesentlichen Bedürfnissen der Einfühlsamen gehören der Wunsch nach Nähe zu anderen, Harmonie, Geborgenheit und Freunde. Einfühlsame möchten dazu gehören, von anderen als Mensch gemocht und geschätzt werden. Familie, Freundschaft und ausgeglichene, spannungsfreie Beziehungen zu anderen Menschen sind ihnen wichtig. Sie wollen anderen ihre Gefühle mitteilen und einen Austausch echter, unverfälschter Gefühle mit den anderen.

Sie laden ihre Akkus, wenn sie viel Aufmerksamkeit und Zuwendung von anderen bekommen und etwas mit anderen zusammen unternehmen können.

Ein zweites, sehr wichtiges psychisches Bedürfnis für die Einfühlsamen ist es, angenehme Gefühle über alle ihre Sinne wahrzunehmen. Dazu gehören unter anderem ein gutes Essen, eine angenehme, harmonische Umgebung, Wohlgerüche, entspannende, wohlklingende Musik.

Einfühlsame sagen über ihre Bedürfnisse: „Es ist mir sehr wichtig als Mensch geschätzt und gemocht werden und zwar unabhängig davon was ich leiste! Und, ich würde mich als Genießerin bezeichnen!"

Analytiker

Die Energiequelle für Analytiker ist vorrangig die Anerkennung für ihre Leistungen und ihre Kompetenz. Sie wollen etwas vollbringen, Leistungen zeigen und für diese Leistungen Lob bekommen. Sie sind neugierig und streben nach Wissen und Kompetenz, wollen Hintergründe und Zusammenhänge verstehen. Sie haben ein großes Interesse an allem Neuen. Meist streben sie nach Perfektion und Verbesserung und halten sich dabei an ihren Grundsatz: „Lieber etwas ordentlich machen oder es gleich sein lassen!"

Ein zweites, wichtiges Bedürfnis der Analytiker sind Organisation und Zeitstruktur. Sie streben nach Struktur, guter Organisation und wollen ihre Zeit gezielt und geplant verwenden.

Analytiker laden ihre Akkus also mit Anerkennung für ihre Leistungen und ihre Kompetenz und wenn sie ihre eigene Ordnung und Struktur haben können.

Analytiker sagen über ihre psychischen Bedürfnisse: „Lob und Anerkennung motivieren mich zu noch mehr Leistung! Mich interessieren viele Dinge und ich bin wissensdurstig. Ich schätze es, mit klarem Denken an die Dinge heranzugehen. Und, ich möchte mir meine Zeit einteilen können, um sie für sinnvolle Aktivitäten zu nutzen."

Bewahrer

Das grundlegende psychische Bedürfnis der Bewahrer ist die Anerkennung für ihre Meinungen, Ansichten und Überzeugungen. Sie wollen mit Respekt und Würde behandelt werden und ein angesehenes Mitglied ihrer Gruppe, in ihrem Unternehmen, in ihrer Partei oder Vereinigung oder der Gesellschaft sein. Eine öffentliche Wertschätzung für Funktionen, die sie dort übernehmen und für ihr (Führungs-)Engagement lädt ihre Akkus in besonderer Weise.

Dieses Hauptbedürfnis wird begleitet von dem Wunsch nach Dauer und Kontinuität und einem ausgeprägtem Sicherheitsbedürfnis. Sie schätzen Ordnung, Prinzipien und haben ein Bedürfnis nach moralisch charakterlicher Integrität, sowie nach Gewissenhaftigkeit im Sinne von Recht und Ordnung.

Bewahrer sagen über ihre psychischen Bedürfnisse in etwa Folgendes: „Ich schätze es, für die eigenen Überzeugungen Anerkennung zu bekommen! Ich übernehme durchaus die Verantwortung und Führung und sage anderen gerne und auch ausführlich, wie es richtig getan werden muss! Natürlich lege ich Wert auf Sicherheit, Moral und gewisse Prinzipien. Schließlich möchte ich, dass meine Leistungen für die Gesellschaft Wertschätzung erfahren."

Kreative

Die Kreativen laden ihre Akkus am Liebsten an mehreren „Steckdosen". Die Hauptenergiequelle: Anregungen, Anregungen, Anregungen.

Sie brauchen eine anregende Umgebung und anregende, aufregende Menschen und Kontakte. Kreative, abwechslungsreiche und kurze Aufgaben stimulieren sie besonders.

Alles was Kreative stimuliert und worauf sie reagieren können, bringt ihnen Energie. Ständig neue Reize und Veränderung und die Möglichkeit, sich selbst in Szene zu setzen. Von den anderen beachtet werden, gar ein wenig „Verehrung" und möglichst viel lockerer, humorvoller Kontakt. Im Mittelpunkt stehen können und die anderen ein wenig „provozieren". Und weiter schätzen sie einen großen Freiraum, Originalität, Neues und Ausgefallenes und viel Spaß.

Kreative sagen zu ihren psychischen Bedürfnissen: „Klaro und logo ..., ich brauche eine ausgefallene Umgebung, witzige Kontakte mit Freunden, mit denen ich Spaß habe. Es ist doch so, dass das Leben genussvoll und unterhaltsam sein sollte. Alles was einengt, hindert doch daran, es zu genießen."

Aktive

Die psychischen Bedürfnisse der Aktiven: Herausforderungen, Aktion, Aufregungen, Eroberungen, Macht und Besitz!

(An-)Spannung und Aktion, schnelle Erfolge und der eigene Nutzen sind es, die die Akkus der Aktiven aufladen. Eine möglichst rasche Befriedigung ihrer Bedürfnisse steht im Vordergrund, so dass es Aktive immer schnell zum Handeln, zum aktiv werden drängt.

Auch ein gewisses Abenteuerbedürfnis, Neues und Unbekanntes zu entdecken und der Wunsch nach Eroberungen treibt die Aktiven an. Und sie schätzen es, immer mehrere Projekte gleichzeitig zu betreiben, viele „Eisen im Feuer" zu haben.

Zu anderen halten sie in Bezug auf ihre Gefühle eher Distanz. Sie wollen kontrollieren, beherrschen und überlegen sein. Status, Prestige und öffentliche Aufmerksamkeit sowie materieller Reichtum sind ihre weiteren Energiequellen.

Aktive sagen zu ihren Bedürfnissen ganz kurz: „Aufregung lässt mich spüren, dass ich lebe! Ich stehe gerne im Mittelpunkt und zeige was ich bin und habe.

Und, unter uns, nur der Vorteil und Nutzen für mich, hier und jetzt zählt!"

Ruhige

Die psychischen Bedürfnisse der Ruhigen sind Rückzug, alleine sein und sich seinen eigenen Vorstellungen hingeben. Sie haben das Bedürfnis nach Ruhe, nach Phantasie und dem „Leben" in der eigenen inneren Welt. Diese innere Welt wollen sie erforschen, sie gestalten, beschreiben und abbilden.

Sie schätzen ihre innere Freiheit und ihre Unabhängigkeit. Dazu vermeiden sie es auch, allzu viel in Gruppen oder mit anderen Menschen zusammen zu sein und in intensiven Beziehungen. Aufgaben erledigen sie am liebsten, wenn man ihnen genaue Anweisungen gibt, was man von ihnen erwartet.

Ruhige haben diese Vorstellung von ihren psychischen Bedürfnissen: „Ich schätze es alleine zu sein. Ich will in Ruhe und mit Abstand meine Arbeit erledigen. Äußerlichkeiten sind mir nicht so wichtig. Wahre Freiheit und Unabhängigkeit findet man nur im Inneren."

Unterschiedliche Bedürfnisse

Wenn wir diese verschiedenen, für die sechs Persönlichkeiten typischen Bedürfnisse betrachten, werden wir feststellen, dass wir alle diese psychischen Bedürfnisse haben, allerdings in unterschiedlichem Ausmaß. Und dieses unterschiedliche Ausmaß ist es, das für die Persönlichkeiten charakteristisch ist.

☞ Wichtig

> Es gibt keine „guten" oder „schlechten" Bedürfnisse! Jeder Mensch hat seine eigenen, für ihn und seine vorherrschende Persönlichkeit typischen psychologischen Bedürfnisse – ohne Wenn und Aber!
> Es macht daher wenig Sinn, wenn man sich selbst wegen der eigenen Bedürfnisse kritisiert: „Das solltest du nicht wollen!" „Kannst du dir nicht etwas anderes suchen?"
> Und genauso ist bei den anderen. Auch hier ist es nutzlos, anderen ihre Bedürfnisse „auszureden" oder sie zu anderen Bedürfnissen „bekehren" zu wollen. „Musst du denn immer ...?" „Kannst du nicht mit ... zufrieden sein?" „Schau doch, andere brauchen ... doch auch nicht!

Wir haben unsere Bedürfnisse und brauchen die Befriedigung dieser psychischen Bedürfnisse für unser Wohlbefinden, für unsere inneren „Akkus", für unsere Lebensenergie. Jeder nach seinem eigenen „Geschmack", nach seinen eigenen individuellen Vorlieben. Jeder hat sein eigenes, ganz spezielles „Ladegerät" mit seinen individuellen „Anschlusswerten" – auch wenn diese manchmal äußerlich gleich aussehen.

Zusammengefasst:

Einfühlsame wollen als Menschen beachtet und gemocht werden. Und es tut ihnen gut, wenn sie in einer angenehmen, die Sinne anregenden Umgebung leben und arbeiten können.

Analytiker wollen Anerkennung für ihre Leistung. Und sie schätzen Struktur und Pünktlichkeit.

Bewahrer wollen Anerkennung für ihre Werte, Meinungen und Überzeugungen. Und auch Beachtung ihrer Leistung.

Kreative wollen Anregung, Abwechslung und Anreize durch ihre Umwelt. Und sie schätzen es sehr, im Mittelpunkt stehen zu können.

Aktive wollen Herausforderungen, Aufregung und Aktion. Und sie streben nach Macht, Ansehen und raschem Erfolg.

Ruhige wollen Rückzug, Alleine sein und Distanz. Und sie wollen ihren Gedanken und Vorstellungen freien Raum lassen können.

✍ Übung

Notieren Sie nachfolgend mindestens 20 Dinge, die Ihnen Spaß
machen, die Sie gerne tun, bei denen Sie sich richtig wohl fühlen.
Also alles das, was Ihnen gut tut und Ihre „Akkus" wieder auflädt.
Ob Sie diese Dinge schon tun, oder „nur" gerne tun würden, spielt
jetzt noch keine Rolle, ebenso die Reihenfolge, in der Sie das
aufschreiben.

Wenn Sie Ihre „Energie-Lader" gefunden haben, dann können Sie für sich reflektieren

Was Sie gerne mehr tun möchten?

Was Sie unternehmen können, um die Dinge auch wirklich zu tun, die Sie im Moment erst wollen, aber noch nicht machen?

Ob es noch weitere Dinge gibt, die Ihnen gut tun und Ihre „Akkus" aufladen würden?

Ob es noch Dinge gibt, die Sie sich zur Zeit „verbieten", die aber richtig toll wären?

✍ Übung

Wir alle sind empfänglich für Botschaften von anderen, die dazu
beitragen, unsere psychischen Bedürfnisse zu befriedigen.
Finden Sie für sich die drei wichtigsten Botschaften, die jemand Ihnen sagen müsste, um Sie mit Energie zu „laden", Sie zu motivieren.

✍ Übung

Sicher haben Sie in Ihrem privaten oder beruflichen Umfeld jeman-
den, mit dem Sie besseren Kontakt haben wollen oder ihn zu etwas
motivieren wollen. Überlegen Sie auch hier drei Botschaften, die
Sie vermutlich demjenigen mitteilen könnten, um ihn mit neuer
Energie zu „laden".

Meine persönliche Einschätzung

Die Reihenfolge meiner psychischen Bedürfnisse?

Geben Sie bitte den verschiedenen Bedürfnissen Ihre persönliche Reihenfolge von 1 bis 6.

◯   Als Mensch beachtet, geschätzt und gemocht werden.

◯   Anerkennung und Lob für Leistung bekommen.

◯   Anerkennung und Respekt für Werte und Überzeugungen.

◯   Anregung, Abwechslung und humorvolle Kontakte.

◯   Herausforderungen, Aktion und rascher Erfolg.

◯   Rückzug, alleine sein, den eigenen Vorstellungen nachgehen.

Arbeitszufriedenheit

Michael ist zu Tisch. Er grüßt kurz zu Millbrocz hinüber und überfliegt rasch die Tageskarte. Immer die gleiche Durchschnittskost, denkt er sich, während er nebenbei sein Smartphone auf „lautlos" stellt, seine Mails abholt und Evelyn eine kurze Nachricht schickt.

Berndt kommt dazu, fragt Michael ob noch frei ist und setzt sich zu ihm. „Immer diese exotischen Gerichte!", sagt Berndt und prüft die Tageskarte. „Meiner Meinung nach ist dieser neue Koch eine komplette Fehlbesetzung! Der hat doch keine Ahnung, was wir hier im Restaurant an Menüs erwarten! Wenn man mich fragen würde, ich könnte schon sagen, was ..."

Weiter kommt er nicht, denn Michael unterbricht ihn: „Heute muss ich unbedingt noch mal was wegen diesem André unternehmen. Kennen Sie ihn?

Netter Bursche eigentlich, intelligent, aber so saft- und kraftlos, unmotiviert. Ich frage mich schon länger, was ich tun muss, um ihn ‚auf Vordermann' zu bringen. Hab' alles versucht, neues Prämiensystem, Dienstwagen, Aufstiegschancen in der neuen Auslandsabteilung in Mexico ... Aber irgendwie zieht das alles nicht so recht bei diesem André."

Noch bevor Berndt etwas antworten kann, bestellt sich Michael die Salatplatte „Surprise-Eloné" mit Beluga Caviar und als Hauptgang die Scampis al curry, riso e frutta exotica. Berndt ist verblüfft.

Auch Elisabeth und André sitzen immer noch in der Kantine. Die anderen sind wieder zu ihren Arbeitsplätzen zurück. Elisabeth und André unterhalten sich prächtig. Elisabeth hörte interessiert zu, während André von seinen Erfahrungen mit Michael berichtet.

„Na weißt du, überhaupt, er gibt ja praktisch kein Lob oder Anerkennung. Du kannst machen was du magst, von ihm hörst du nichts. Dafür kommt er ständig mit etwas Neuem, vor kurzem diese merkwürdige Geschichte wegen der Mexico-Niederlassung. Das sollte wohl eine Straf-Expedition werden ...

Und dann das neue Prämiensystem, war wieder so ein Schnell-schuss und überhaupt nicht durchdacht, eigentlich auch sehr un-gerecht. Da hätte man ja regelrecht mit seinen Arbeitsergebnissen prahlen müssen. Also mir liegt so was nicht, wirklich nicht!"

Elisabeth empfindet ein wenig Mitleid mit André. So ein netter Kerl und dann so ein schwieriger Chef. Sie ist froh, dass man sie in ihrer Abteilung gern hat, dass sie von allen gemocht wird. Da macht ihr die Arbeit wirklich Freude und sie ist sehr zufrieden mit ihrem Arbeitsplatz.

Nun haben wir gemeinsam schon ein ganzes Stück Weg durch das SIZE Success Modell miteinander zurückgelegt. Unterschiedliche Persönlichkeiten mit unterschiedlicher Art der Wahrnehmung, unterschiedlichen Kontakt- und Kommunikationsmustern, unterschiedlichen Fähigkeiten, Eigenschaften und unterschiedlichen psychischen Bedürfnissen.

Und so unterschiedlich sind die sechs Persönlichkeiten natürlich auch im Job, am Arbeitsplatz. Natürlich keine aufregend neue Erkenntnis. Und dennoch ist es in der betrieblichen Wirklichkeit häufig noch so, dass die Mitarbeiter nicht individuell geführt werden, sondern quasi mit „System" eine einheitliche Führung bekommen. Häufigste Variante dabei: Ich führe meine Mitarbeiter so, wie ich selbst geführt werden möchte.

Was dann für eine Persönlichkeit passend sein mag, für die fünf anderen jedoch nicht!

Und dabei wird schon lange angenommen, dass es, unabhängig von der Branche, nur einen Weg gäbe, um dauerhaft Gewinne zu erzielen: Nämlich ein Arbeitsumfeld zu schaffen, in dem talentierte Mitarbeiter gewonnen, gehalten und weiterentwickelt werden können. Nicht umsonst lassen sich Unternehmen alles Mögliche einfallen, um Mitarbeiter ans Unternehmen zu binden. Zwischenzeitlich gibt es eine breit gefächerte Palette von Belohnungs-, Anreiz- und Provisionssystemen, Mitarbeiterbeteiligungen, Wettbewerben, und, und ...

Die Frage, die sich in der Praxis stellt: Zahlen sich diese Anreizmechanismen wirklich aus?

Gelingt es damit, die talentierten Mitarbeiter anzuziehen und dauerhaft an das Unternehmen zu binden?

Die zentrale Frage:

Was ist für die Motivation und Arbeitszufriedenheit der Mitarbeiter wirklich wichtig?

In einer Langzeitstudie der Gallup Organisation, einem der ältesten und größten Marktforschungsunternehmen weltweit, wurden in einem Zeitraum von 25 Jahren mehr als eine Million Arbeitnehmer genau zu diesen Themen befragt. Es wurden dabei Hunderte unterschiedlicher Fragen zum Thema Arbeitsplatz und Arbeitszufriedenheit vorgelegt. Für Überraschung sorgten die Ergebnisse, dass nämlich Faktoren wie Gehalt, Sozialleistungen, Organisationsstrukturen, Statussymbole oder charismatische Führung für die Zufriedenheit am Arbeitsplatz zwar nicht unwichtig sind, aber keinen so hohen Stellenwert haben wie andere Faktoren.

Zwölf Faktoren der Arbeitszufriedenheit

Es blieben am Ende zwölf Kernpunkte für Arbeitszufriedenheit übrig:

1. Wissen, was am Arbeitsplatz konkret erwartet wird.
2. Die Arbeitsmittel, Materialien und Werkzeuge, die notwendig sind, um die Arbeit richtig zu machen, stehen zur Verfügung.
3. Jeden Tag die Gelegenheit haben, das zu tun, was man am besten kann.
4. Regelmäßiges Lob und Anerkennung für gute Arbeit.
5. Beachtung als Mensch.
6. Unterstützung und Förderung der eigenen beruflichen Entwicklung.
7. Anerkennung und Respekt für die eigenen Meinungen und Ansichten.
8. Wissen, dass die Arbeitsergebnisse für die Ziele und Philosophie des Unternehmens wichtig sind.
9. Kollegen, die das gleiche Ziel haben, nämlich gemeinsame Arbeit mit hoher Qualität zu leisten.
10. Harmonische Beziehungen, Freunde und eine angenehme Atmosphäre im Unternehmen.
11. Die Leistungsfortschritte werden beachtet und besprochen.
12. Gelegenheit, Neues zu lernen und sich weiterzuentwickeln.

Hochinteressant ist es zu sehen, wie diese zwölf Punkte die sechs SIZE Success Persönlichkeiten in unterschiedlichem Maße motivieren und zu deren Arbeitszufriedenheit beitragen. Dabei wird eines wieder deutlich:

☞ **Motivation und Arbeitszufriedenheit nach dem Gießkannen-Prinzip sind nicht möglich.**

Jeder Mensch braucht auch und gerade im Job, am Arbeitsplatz die Befriedigung seiner individuellen psychischen Bedürfnisse.
Für Führungskräfte heißt das, die Mitarbeiter gut zu kennen und individuell zu führen.

Für die Arbeitszufriedenheit können wir feststellen, dass die ersten drei Bereiche, nämlich

- Wissen, was am Arbeitsplatz konkret erwartet wird.
- Die Arbeitsmittel, Materialien und Werkzeuge, die notwendig sind, um die Arbeit richtig zu machen, stehen zur Verfügung.
- Jeden Tag die Gelegenheit haben, das zu tun, was man am besten kann

für alle sechs Persönlichkeiten gelten. Das sind die Basis-Motivatoren, die vorhanden sein müssen, damit die anderen überhaupt wirken können. Sind diese drei grundlegenden Faktoren für Arbeitszufriedenheit nicht erfüllt, gibt es wenig Sinn, sich um die anderen neun Faktoren zu kümmern.

Basis-Motivatoren

Wissen, was am Arbeitsplatz konkret erwartet wird.

Eigentlich eine Selbstverständlichkeit, möchte man annehmen. Und dennoch ist es nicht immer so, dass alle Mitarbeiter wirklich wissen, was von ihnen konkret erwartet wird.

Unklare Vorgaben, wenig Feedback darüber, was wirklich verstanden wurde, häufig wechselnde Ziele und Zielvorgaben und anderes führen dazu, dass häufig unklar ist, was wirklich am Arbeitsplatz erwartet wird. Das Wissen darüber, was von einem erwartet wird, ist ein Basisfaktor für die Arbeitszufriedenheit.

Arbeitsmittel, Materialien und Werkzeuge, die notwendig sind, um die Arbeit richtig zu machen, stehen zur Verfügung.

Ungenügende Werkzeuge, minderwertiges Material, ungeeignete Arbeitsmittel sind De-Motivationsfaktoren. Die Mitarbeiter benötigen die Tools, die notwendig sind, die Arbeit gut, richtig, qualitativ hochwertig zu erledigen. Sparen an diesen Arbeitsmitteln, Materialen und Werkzeugen mag vielleicht kurzfristig richtig erscheinen – auf Dauer aber wenig motivationsfördernd sein.

Jeden Tag die Gelegenheit haben, das zu tun, was man am besten kann.

Wir Menschen werden motiviert, sind mit unseren Tätigkeiten dann zufrieden, wenn wir immer wieder das tun können, was wir am besten können.

Eigentlich klar: Das verschafft uns Erfolgserlebnisse!

Die dritte Basis für Arbeitszufriedenheit ist also entsprechend den eigenen Talenten und Fähigkeiten arbeiten zu können. Siehe auch Seite 56.

Aufbauend auf diesen drei Basisfaktoren haben die sechs Persönlichkeiten unterschiedliche Bedürfnisse, die zu ihrer Arbeitszufriedenheit beitragen. Nicht jeder dieser Faktoren muss zu jeder Zeit zutreffen. Als „Landkarte" für eigene Arbeitszufriedenheit und die Motivation von Mitarbeitern sind sie sehr wesentlich.

Einfühlsame

Grundlegende Faktoren für Arbeitszufriedenheit sind für Einfühlsame unter anderem, dass sie in einer angenehmen, hellen, freundlichen, bequemen und gemütlichen Arbeitsumgebung sein können. Sie schätzen ein harmonisches Arbeitsklima und eine entspannte Atmosphäre mit guten Beziehungen zu anderen Menschen. Es gibt ihnen Energie, wenn sie als liebenswerte Menschen wahrgenommen und bestätigt werden und auch Kommunikation zu persönlichen Themen möglich ist.

Für Einfühlsame sind die folgenden Punkte wichtig:

- Weiß ich, was von mir erwartet wird?
- Habe ich die notwendigen Arbeitsmittel und Materialien zur Zielerfüllung?
- Kann ich das tun, was ich am besten kann?
- Bekomme ich menschliche Anerkennung, werde ich gemocht?
- Werde ich dabei unterstützt, meine Stärken als Einfühlsamer zu entwickeln?
- Habe ich das Gefühl von Zugehörigkeit in der Gruppe, im Team?
- Habe ich das Gefühl, dass meine Arbeit für das Unternehmen wichtig ist?
- Finde ich im Unternehmen harmonische Arbeitsbeziehungen?
- Ist mein Arbeitsumfeld für mich auf positive Weise anregend?

Analytiker

Elementare Aspekte für Arbeitszufriedenheit sind für Analytiker unter anderem, dass ihre Leistungen durch andere wahrgenommen werden und sie Lob und Anerkennung für ihre Leistungen bekommen. Sie schätzen es sehr, wenn ihre Kompetenz beachtet wird und sie sich weiterbilden können. Es lädt ihre Akkus, wenn sie am Arbeitsplatz einen Rahmen haben, in dem sie Denken, Informationen sammeln, Planen und Strukturieren können und wenn sie nach einer klaren Zeitstruktur arbeiten können. Klare Ziele und Strategien sind für sie wichtig und dass sie mit einem kooperativen Führungsstil geführt werden und sie sich mit ihrem Denken einbringen können.

Für Analytiker gelten die folgenden Punkte:

- Weiß ich, was von mir erwartet wird?
- Habe ich die notwendigen Arbeitsmittel und Materialien zur Zielerfüllung?
- Kann ich das tun, was ich am besten kann?
- Bekomme ich für meine Leistung regelmäßig Anerkennung?
- Habe ich die Möglichkeit, meine Stärken als Analytiker weiter zu entwickeln?
- Kann ich meine (Arbeits-)Zeit gezielt und organisiert einsetzen?

- Denke ich, dass meine Arbeit wichtig für das Unternehmen ist?
- Ist meine Arbeitsumgebung ausreichend leistungsorientiert?
- Wird mit mir regelmäßig über meine Kompetenz und meine Leistungsfortschritte gesprochen?
- Habe ich Gelegenheit, meinen Wissensdurst und mein Streben nach ständiger Kompetenzerweiterung zu stillen?

Bewahrer

Grundlegende Bereiche für die Arbeitszufriedenheit der Bewahrer sind unter anderem, dass sie mit Achtung und Respekt behandelt werden und sie Anerkennung für ihre Meinungen, Ansichten und Überzeugungen bekommen. Sie müssen sich für Dinge einsetzen können, von denen sie selbst überzeugt sind und brauchen eine Umgebung, in der sie Vertrauen können und andere ihnen vertrauen.

Ihre Akkus werden geladen, wenn es Ordnungskriterien und Durchführungsbestimmungen gibt, hinter denen sie selbst stehen können und wenn sie mit einem kooperativen Führungsstil geführt werden und sie sich mit ihren Meinungen und Ansichten einbringen können. Und sie schätzen es überaus, wenn sie nach ihrer Meinung gefragt werden, wenn man sie um ihre Ansicht zu einem Thema bittet.

Die Kernpunkte der Bewahrer sind:

- Weiß ich, was von mir erwartet wird?
- Habe ich die notwendigen Arbeitsmittel und Materialien zur Zielerfüllung?
- Kann ich das tun, was ich am besten kann?
- Bekomme ich Anerkennung für meine Leistung und mein Engagement?
- Habe ich die Möglichkeit meine Stärken als Bewahrer einzubringen und zu entwickeln?
- Haben meine Werte, Meinungen und Ansichten Gewicht in meiner Arbeitsumgebung?
- Werden meine Leistung und mein Engagement als wichtig und wertvoll für das Unternehmen anerkannt?

- Habe ich in meiner Funktion/Aufgabe ausreichend Möglichkeiten und Einfluss?
- Genieße ich ausreichend Vertrauen und Loyalität?

Kreative

Zur Arbeitszufriedenheit der Kreativen trägt maßgeblich ein Rahmen bei, in dem sie sich abwechslungsreichen und kreativen Aufgaben zuwenden können und sie die Möglichkeit haben, neue Ideen umzusetzen. Sie brauchen die Möglichkeit, spontan und kreativ zu sein und häufigen, spielerischen Kontakt zu anderen Menschen. Ihre Akkus werden außerdem geladen, wenn sie intensive Reaktionen auf ihre Verhaltensweisen bekommen und sie die Möglichkeit haben, spielerisch und humorvoll zu kommunizieren.

Die wesentlichen Punkte für Kreative sind:

- Weiß ich, was bei der Arbeit von mir erwartet wird?
- Habe ich die notwendigen Arbeitsmittel und Materialien zur Zielerfüllung?
- Kann ich das tun, was ich am besten kann und was mir am meisten Spaß macht?
- Habe ich abwechslungsreichen, interessanten Kontakt mit anderen Menschen?
- Habe ich ausreichend Möglichkeit und Gelegenheit, meine kreativen Talente in einer anregenden Umgebung zu entwickeln?
- Habe ich ausreichend Freiraum und Spaß in meinem Arbeitsfeld?
- Wird meine kreative Leistung als wichtig für das Unternehmen anerkannt?
- Habe ich gute Freunde (Kumpels) und humorvolle Kontakte im Unternehmen?
- Kann ich meine kreativen Potenziale in diesem Unternehmen weiterentwickeln?

Aktive

In Kürze die Faktoren für die Arbeitszufriedenheit der Aktiven: Sie brauchen täglich neue Herausforderungen, einen Aufgabenbereich mit spannenden Projekten, dass sie immer wieder mit etwas Neuem konfrontiert werden, häufig wechselnde Aktivitäten und aufregende Aufgaben. In besonderer Weise laden sie ihre inneren Akkus, wenn sie die Möglichkeit haben, unmittelbar und schnell Vorteile und Gewinne für sich zu erzielen.

Die Kernfragen für die Arbeitszufriedenheit sind:

- Weiß ich, was von mir erwartet wird?
- Habe ich die notwendigen Arbeitsmittel und Materialien zur Zielerfüllung?
- Kann ich das tun, was ich am besten kann?
- Ermöglicht mir mein Arbeitsbereich viele Aktivitäten und Herausforderungen?
- Ermöglicht mir mein Arbeitsbereich viel Abwechslung, neue Reize und ein gewisses Risiko?
- Habe ich genügend Freiheiten und bin weitgehend ungebunden?
- Habe ich die Möglichkeit, meine großen Ideen rasch und unkompliziert umzusetzen?
- Habe ich in meinem Umfeld Menschen, die mir lästige „Kleinarbeit" abnehmen?
- Genieße ich in diesem Unternehmen den mir gebührenden Status und ausreichende Beachtung?
- Sind in diesem Unternehmen auch künftig ausreichend Herausforderungen vorhanden, die mich motivieren werden?

Ruhige

Für die Arbeitszufriedenheit der Ruhigen ist unter anderem wichtig, dass sie ausreichend Führung bekommen und sie die Möglichkeit haben, sich psychisch oder physisch mit ihrer Arbeit zurückzuziehen. Sie schätzen es besonders, wenn sie wenig mit anderen Menschen in Kontakt kommen müssen und sie die Möglichkeit haben, immer wieder in ihre eigene Gedankenwelt einzutauchen.

Für Ruhige sind die folgenden Punkte wichtig:

- Weiß ich, was von mir erwartet wird?
- Habe ich die notwendigen Arbeitsmittel und Materialien zur Zielerfüllung?
- Kann ich das tun, was ich am besten kann?
- Habe ich einen Aufgabenbereich, der von mir eher wenig zwischenmenschlichen Kontakt erfordert?
- Kann ich meine Stärken als Ruhiger entwickeln?
- Werden meine Vorstellungen, Visionen und Ideen wahrgenommen und beachtet?
- Erhalte ich ein ausreichendes Maß an Führung mit klaren, präzisen Anweisungen?
- Ist meine Arbeit wichtig für das Unternehmen?
- Kann ich mich zugehörig fühlen, ohne dass mir andere Menschen zu nahe kommen?

Zusammengefasst:

Für Arbeitszufriedenheit gibt es kein Patentrezept.

Jeder Mensch braucht auch und gerade im Job, am Arbeitsplatz, die Befriedigung seiner individuellen psychischen Bedürfnisse.

Nur eine Führungskraft die ihre Mitarbeiter kennt, kann individuell führen und die Arbeitszufriedenheit und Motivation fördern.

✐ **Übung**

Für Arbeitszufriedenheit gibt es keine Universallösung. Die ganz persönlichen Bedürfnisse und Motive geben den Ausschlag. Daher sammeln Sie doch aus den auf den vorhergegangenen Seiten diejenigen Punkte, die Ihre Arbeitszufriedenheit erhöhen.

Und überlegen Sie bitte, wie das konkret für Sie aussehen kann. Was Sie ganz konkret vom wem brauchen, um Ihre Arbeitszufriedenheit zu steigern.

✐ **Übung**

So, diese Übung können Sie auch „umdrehen". Möglicherweise haben Sie eine Mitarbeiterin, einen Mitarbeiter, den Sie dabei unterstützen wollen, seine Arbeitszufriedenheit zu steigern.
Auch hier: Sammeln Sie die Punkte, von denen Sie annehmen, dass sie die Arbeitszufriedenheit bei dieser Mitarbeiterin, bei diesem Mitarbeiter steigern. Und dann überlegen und planen Sie, wie konkrete Maßnahmen und Vorgehensweisen aussehen können.

Meine persönliche Einschätzung

Faktoren meiner Arbeitszufriedenheit

Lesen Sie doch bitte nochmals kurz die Faktoren der Arbeitszufriedenheit für die sechs Persönlichkeiten aus den 83 92 durch. Geben Sie dann den verschiedenen Punkten die für Sie zutreffende Reihenfolge von 1 bis 6.

O Einfühlsame

O Analytiker

O Bewahrer

O Kreative

O Aktive

O Ruhige

Stressmuster

Michael ist die ganze Geschichte jetzt leid! Die Well-lax pro 90 F Plus-Sache will er heute noch zum Laufen bringen oder „abschießen". So kann es jedenfalls nicht weitergehen. Jetzt ist es 16.30 Uhr. Michael hat die Sitzung kurzfristig terminiert und die Damen und Herren kommen in den Konferenzraum. Es ist heiß heute, die Zeit drängt... Eigentlich ist Bade- und Biergarten-Wetter.

Michael kommt sofort zur Sache: „Guten Tag! Wie Sie ja wissen, habe ich Sie hierher bestellt, um das Well-lax pro 90 F Plus-Projekt voran zu bringen. Ich habe einige, allerdings nicht alle Berichte von Ihnen vorliegen. Kurz gesagt, so geht das nicht, so können Sie das nicht machen. Ich erwarte, dass Sie hier und heute Ergebnisse erzielen!" Michael setzt sich.

„Nun, meiner Meinung nach, und ich habe das ja bereits in mehreren Memoranden festgehalten, können wir damit keine Botschaft, keine Mission im Markt vermitteln." Berndt ist erregt. „Ich bin der festen Überzeugung, dass hier im Haus ganz absichtlich, ich will das ausdrücklich festhalten, ganz absichtlich gegen mich und meine Abteilung gearbeitet wird! Ich will mich gar nicht lange damit aufhalten, welche Fehler von anderen Bereichen bei diesem Projekt gemacht wurden, typische Fehler..." Und dann doziert er eben doch lange und ausführlich über die Fehler der anderen. Er wird zunehmend ärgerlicher, seine Stimme wird lauter.

Elisabeth mischt sich ein: „Berndt, ich bitte Sie! Beruhigen Sie sich ... Angriffe helfen uns doch nicht weiter. Wir haben alle ein ungutes Gefühl bei dieser Sache, oder? Ich weiß ja selbst nicht mehr, was ich davon halten soll. Wie fühlen sich denn die anderen hier?" Elisabeth blickt verwirrt um sich. „Es geht doch um uns hier, oder? Wir alle bemühen uns doch ..., ich habe doch alles ..., es liegt doch nicht an mir persönlich ...?" Sie setzt sich, schaut verwirrt.

Herbert versucht sich als Retter: „Hm, Elisabeth, niemand hat dich persönlich gemeint. Das war doch keine Kritik an dir! Michael meint das nicht so ..."

„Doch, Herbert, ich will jetzt Nägel mit Köpfen machen und da kann ich mir keine persönlichen Empfindlichkeiten mehr leisten. Sie alle haben damit genug Energie vertrödelt! Und überhaupt, ihre Leistungen am Servicedesk sind alles andere als berauschend!" Herbert bekommt einen roten Kopf.

„Nun mal halblang hier!" Karl ist aufgesprungen. „Wir bemühen uns hier mächtig von früh bis spät. Freizeit ist ein Fremdwort für mich geworden! Meine Freundin hat mich kürzlich gar nicht mehr erkannt! Aber das, was hier verlangt wird, ist doch völlig unmöglich. Die ganze Sache hat keinen Pepp, das ist eine lahme Krücke und sonst nichts! Und wer hat den Unfug angefangen...?"

„Jetzt ist es aber genug Karl! Setzen Sie sich, wenn Sie nichts Besseres als dumme Sprüche haben!" sagt Michael merkwürdig ruhig. Karl steht auf, packt seine Unterlagen und rennt aus dem Konferenzraum. Die meisten sehen ihm entsetzt nach.

Karl kommt zurück, bleibt in der offenen Tür stehen und ruft: „Das werden wir ja sehen, was hier geht und was nicht! Sie werden ...!" Die Türe knallt zu. Die Temperatur im Konferenzraum nähert sich dem Siedepunkt.

André versucht zu beruhigen: „Ich bitte Sie, lassen Sie uns doch sachlich bleiben und wieder zum Thema zurückkommen. Ich habe die ganze Angelegenheit ja analysiert und einen 60seitigen Bericht erarbeitet. Ohne je eine Rückmeldung zu bekommen, das hier nur am Rande! Ich bin mir nicht sicher, ob Sie ihn alle gelesen haben. Daher möchte ich an dieser Stelle nochmals die wesentlichen Aspekte darstellen. Ich weiß auch nicht, ob Sie die Details verstanden haben ..."

In der Runde, die sich ein wenig beruhigt hat, wird getuschelt und gemurmelt. André lässt sich nicht ablenken: „... ab der Reihe F10 auf Seite 43, rechts unten, haben das alle ..., wenn Sie das bitte kurz vergleichen mit dem Diagramm K29 auf Seite 22 ..."

„André, ich bitte Sie, das bringt mich jetzt auch nicht weiter! Ich will Resultate, keine Diagramme!" Michael ist aufgestanden.

„Na gut, wenn Sie hier nicht verstehen, worum es wirklich geht, dann kann ich es ja gleich bleiben lassen. Also manchmal frage *ich mich hier wirklich, ob ich der einzige bin, der denken kann und etwas von der Sache versteht." André stopft erregt die Blätter in seine Mappe zurück.*

Michael steht immer noch: „Danke, das genügt jetzt wirklich! Ich erwarte bis heute 21.00 Uhr Ihre Vorschläge. Und wenn wir die ganze Nacht durcharbeiten werden. Morgen Vormittag muss das neue Marketingkonzept stehen, um 11.00 Uhr dann Pressekonferenz samt komplett neuer Pressemappe! Was ist mit Ihnen, Rolf?"

Rolf hat die ganze Zeit nichts gesagt, ihm ist nichts anzumerken, aber wenn man ihn kennt, ein wenig kennt, dann spürt man, dass er hier raus will. Doch jetzt hat er sich gemeldet, Michael ein Zeichen gegeben und er sagt:

„Well-lax pro 90 F Plus kann im Markt nicht funktionieren! Es wurde vergessen zu sagen, zu beschreiben, was es ist, wofür man es braucht und wem es nützt."

Verblüffung im Raum, dann Gemurmel, alle reden durcheinander, Unterlagen werden wieder auf den Tisch gepackt, Michael verordnet fünf Minuten Pause und springt in sein Büro, bereits heftig telefonierend.

Auch Rolf zieht sich zurück.

Uff, da ging es jetzt aber heiß her. Zum Glück nur eine Geschichte. In Wirklichkeit kommt so etwas ja nicht vor. Nicht bei Ihnen im Unternehmen, am Arbeitsplatz, in der Familie! Oder doch?

Okay – wollen auch wir sachlich werden:

Ein wichtiges Hilfsmittel für den Umgang mit uns und anderen sind die so genannten Stressmuster im SIZE Success Persönlichkeitsmodell. Diese Stressmuster sind weitgehend vorhersagbare Verhaltensweisen, Verhaltensmuster der sechs Persönlichkeiten. Sie sind ein eindeutiger Hinweis darauf, dass wir Menschen zu wenig psychische „Energie" zur Verfügung haben, unsere „Akkus" leerer werden oder schon leer sind. Nun versuchen wir mit diesen Stressmustern unsere Bedürfnisse zu befriedigen. Allerdings auf eine, für uns und andere eher negative Art. Stressmuster sind daher auch Warnzeichen für uns und andere, dass etwas mit unseren Bedürfnissen aus dem Gleichgewicht gekommen ist.

☞ Unsere Stressmuster sind der Versuch, psychische Bedürfnisse zu befriedigen – auf eine für uns und andere eher negative Art und Weise.

Stressmuster „verraten" uns weiter sehr viel über die Persönlichkeit des anderen. Denn wir Menschen können uns in vielfältiger Art und Weise an andere und an Situationen anpassen. Wir können uns und unser Verhalten verstellen, fälschen, und ganz anders verhalten als wir wirklich sind. Bei den Stressmuster ist das anders: Die wenigsten Menschen können sich in ihren Stressmustern verstellen. Im Stress zeigen wir alle Merkmale der für unsere Persönlichkeit typischen Stressmuster.

☞ Stressmuster geben ganz wesentliche Hinweise auf die Persönlichkeit.

Ein weiterer wichtiger Aspekt von Stressmustern: Im Stress sind wir nicht mehr im Kontakt mit unserer Umwelt. Wir gehen aus dem Kontakt und sind mit unseren inneren Mustern, Überzeugungen und „alten Erfahrungen" beschäftigt. Echte Kompromisse oder gar Problemlösungen sind daher nicht mehr möglich. Die meisten Versuche, mit Menschen im Stress zu konstruktiven Lösungen zu kommen, werden scheitern.

☞ Wenn Menschen in ihren Stressmuster sind, sind sie nicht im Kontakt und echte Problemlösungen sind nicht möglich!

Dabei läge die wirkliche Lösung auf einer Art übergeordneter, einer sogenannten Meta-Ebene auf der Hand: Sinnvolle, positive Befriedigung der eigenen Bedürfnisse. Möglichkeit schaffen, dass der andere seine Bedürfnisse befriedigen kann. Unsere inneren Akkus laden und dann mit neuer Energie im Denken, Fühlen und Handeln nach gemeinsamen Lösungen suchen.

Stressmuster von Einfühlsamen

Werden die grundlegenden Bedürfnisse der Einfühlsamen, nämlich als Mensch gemocht werden und Anregung der Sinne nicht ausreichend befriedigt, kommen sie in Stress.

Sind die Einfühlsamen im Stress zeigen sie die folgenden typischen Stressmuster:

Sie bemühen sich, es allen anderen recht zu machen, das zu tun oder sich so zu verhalten, wie sie glauben, dass es die anderen von ihnen erwarten. Es fällt ihnen zunehmend schwerer, „Nein" zu sagen und sie gehen möglichst allen Konflikten aus dem Weg. Sie tun viel, zu viel für andere, statt etwas für sich selbst zu tun und versuchen andere zu „retten".

Jedes Anzeichen von Kritik macht ihnen zu schaffen und sie leiden darunter. Dabei ist es egal, ob die Kritik wirklich geäußert wurde oder nur „eingebildet" ist. Schnell beziehen sie dabei die Kritik auch auf sich als Person und haben es schwer, sachliche Kritik an ihren Leistungen von möglicher Kritik an ihrer Person zu trennen.

In ihrem Stressmuster verlangen sie nach ständiger Bestätigung und suchen Hilfe und Unterstützung bei anderen. Sie neigen dazu, in Abhängigkeit zu geraten und wirken auf andere unter Umständen kindhaft und unreif.

Im Stress wird den Einfühlsamen das Alleine sein unerträglich. Sie investieren ihre gesamte Energie in Fühlen und blockieren ihr Denken. Sie dramatisieren, bis hin zur Panik. Und sie machen immer mehr Fehler, merkwürdige, „dumme" Fehler und verlieren die Übersicht.

Wenn der Stress noch stärker wird, weil es ihnen nicht gelingt, ihre Bedürfnisse auf positive Art zu befriedigen, verstärken sich die Stressmuster.

Die Einfühlsamen machen sich von anderen abhängig und laden sie ein, Vorschläge zu machen, Ratschläge zu geben und in die „Retter-Rolle" zu gehen. Allerdings erleben sie die Vor- und Ratschläge dann erneut als Kritik und geraten noch mehr unter Stress.

Sie jammern, werden ängstlich und fühlen sich von allen anderen alleine gelassen und ungeliebt. Und unter Umständen zeigen sie depressive Tendenzen, weil sie befürchten, dass niemand für sie da ist, dass sie keine Unterstützung und Hilfe bekommen und letztlich von allen verlassen werden. Sie nehmen alle „Schuld" auf sich, verlieren sich in Selbstzweifeln und hindern sich damit, zu problemlösendem Handeln zu kommen.

Stressmuster von Analytikern

Wenn Analytiker ihre grundlegenden Bedürfnisse, nämlich Anerkennung für ihre Leistungen und Struktur nicht ausreichend befriedigen können, kommen sie in Stress.

Analytiker im Stress fangen an, zwanghaft und perfektionistisch zu werden. Sie wirken steif, angespannt und verbissen. Sie neigen zu Konformität, übertriebener Gewissenhaftigkeit und Besorgtheit. Durch das Streben nach Perfektion werden Aufgaben verzögert oder gar nicht mehr erledigt, Probleme nicht mehr gelöst. Die Analytiker beschäftigen sich im Stress übermäßig mit Details, Listen, Regeln und Planung, wobei die Spontaneität und der Blick für das Wesentliche verloren gehen kann.

Sie reißen alles an sich, überlasten sich und überkontrollieren. Sie bestehen darauf, dass die eigenen Arbeits- und Vorgehensweisen übernommen werden, oder weigern sich gleich ganz, Aufgaben an andere zu delegieren. Im Stress glauben sie mehr und mehr, nur sie alleine würden etwas verstehen, nur sie könnten „es" richtig machen. Sie werden stur, penibel und beklagen sich, dass niemand ihre Leistung anerkennt.

Im Stress sind sie der Überzeugung, sie müssen arbeiten, etwas leisten, um o.k. zu sein. Es gibt für sie immer noch etwas zu tun. Sie glauben, sie müssen aufpassen, sonst würden sie verletzt oder benutzt. Sie können sich nicht mehr entspannen oder nachgeben.

Nimmt der Stress weiter zu, stecken sie die gesamte psychische Energie in das Denken. Gefühle werden ihnen fremd und es fehlt die Energie zum problemlösenden Handeln. Sie werden ärgerlich, aggressiv und greifen andere an. Hintergrund bei den Analytikern ist eine starke Befürchtung, von anderen unterdrückt oder zurückgehalten zu werden.

Stressmuster von Bewahrern

Erleben Bewahrer, dass ihre grundlegenden Bedürfnisse, nämlich Anerkennung für ihre Überzeugungen und Werte nicht ausreichend befriedigt werden, geraten sie in Stress und werden überempfindlich, argwöhnisch und misstrauisch. Ihr Denken wird zunehmend eingeengter und grandioser und sie neigen zu Phantasien, dass andere ihnen Böses wollen.

Sogar völlig harmlose Vorkommnisse bekommen dann für sie eine versteckte Bedeutung. Spaß und Humor gehen ihnen völlig verloren. Sie erleben sich ohne Grund von anderen missachtet, ausgenützt und benachteiligt und erwarten nur Schlechtes von anderen.

Sie stellen die Loyalität der anderen grundlos in Frage, vertrauen anderen nicht mehr und reagieren mit verdeckter Feindseligkeit. Sie sehen überall nur noch die Fehler der anderen und verlieren das Vertrauen in sich und andere. Sie werden innerlich ängstlich, zeigen nach außen aber Pseudo-Gefühle wie Ärger und Wut.

Im Stress werden Bewahrer noch nachtragender. Sie vergessen eine Missachtung und Kränkung durch andere nicht mehr. Da sie selbst Wert auf Macht legen, besteht nun die Gefahr eines Machtkampfs, der eine echte Problemlösung noch weiter verhindert.

Nimmt der Stress weiter zu, ohne dass die Bewahrer eine Möglichkeit gefunden haben, ihre Bedürfnisse positiv zu befriedigen, verstärken sich die Stressmuster. Sie reagieren nach außen sehr schnell ärgerlich und zornig, vermeiden jeden echten Kontakt mit anderen und greifen andere an. Sie geben sich stark und unnahbar und erwarten von anderen, dass diese perfekt für sie sein sollen. Und sie starten „Kreuzzüge" für ihre Meinungen und Überzeugungen, belehren und bekehren andere zur „richtigen Ansicht".

Sie verlassen sich mehr und mehr auf Ideologie, Vorurteile und Glaubenssätze als auf die Wirklichkeit. Das Leben kommt ihnen nun wirklich sehr ernst oder sogar gefährlich vor. Sie zeigen eigenwillige Ansichten und reagieren stur und verstockt. Das verleitet andere wiederum zu Kritik, die ihrem Grundbedürfnis nach Anerkennung für ihre Meinungen und Ansichten entgegensteht und so verstärkt sich das Stressmuster immer weiter.

Stressmuster von Kreativen

Bekommen die Kreativen nicht das, was sie für ihre psychischen Bedürfnisse benötigen, nämlich anregende Kontakte, eine anregende Umgebung und Unabhängigkeit, dann kommen sie nach und nach in ihre Stressmuster.

Sie verhalten sich passiv-aggressiv. Das heißt, sie tun nichts wirklich Problemlösendes und sind gleichzeitig ärgerlich auf andere, die sie für ihr eigenes Nicht-Handeln verantwortlich machen. Sie neigen dazu, eigene und fremde Grenzen zu missachten und zu überschreiten. Das was vorher unterhaltsam und lustig war, wird nun verletzend und beleidigend.

Wenn sie etwas nicht (tun) wollen, starten sie Verzögerungsmanöver, indem sie zu „diskutieren" anfangen. Diskussionen, die sich endlos im Kreis drehen und nirgendwo ankommen. Sie werden mürrisch und streitsüchtig.

Sie strengen sich sehr an, es wirkt jedoch so, als ob sie scheinbar vorsätzlich langsam arbeiten würden. Sie wissen nicht mehr, was sie tun sollen, was das zentrale Thema ist. Jeder Überblick geht ihnen verloren.

Und sie beklagen sich demonstrativ darüber, dass andere unsinnige oder unverschämte Forderungen an sie stellen. Sie „vergessen" ihre Aufgaben und Pflichten und behindern durch ihre Passivität (in der echten Aufgabenerledigung) auch die anderen. Sie selbst glauben, dass sie ihre Aufgaben eigentlich besser erledigen, als die anderen glauben. Dabei laden sie durch ihre Passivität oder Überdetaillierung, also durch nicht problemlösendes Handeln, andere zu Kritik geradezu ein.

Wird der Stress noch mehr, dann reagieren Kreative auf andere mit unmäßiger Kritik, Verachtung oder blamieren die anderen. Dabei zeigen sie auch unerwartetes, ungewolltes Verhalten. Sie lehnen jede Verantwortung ab und schieben sie auf andere.

Sie provozieren Gefühlsausbrüche, um sich zu vergewissern, dass die anderen noch im Kontakt mit ihnen sind und sie befürchten – im Stressmuster zu Recht – dass niemand mehr sie versteht oder ihnen zuhört.

Und sie bestätigen sich, dass ihre Gefühle und ihr Verhalten für die anderen nicht akzeptabel sind.

Stressmuster von Aktiven

Werden die grundlegenden Bedürfnisse der Aktiven, nämlich Aufregung, Herausforderungen, Aktion und schnelle Erfolge nicht ausreichend befriedigt, kommen sie in Stress und zeigen die folgenden typischen Stressmuster:

Sie übergehen die Bedürfnisse und Gefühle von anderen und stellen ihr eigenes Bedürfnis nach Erregung und Drama in den absoluten Mittelpunkt. Sie sind darauf aus, andere zu manipulieren, entweder mit Gewalt (durch

Angst) oder durch Verführungsversuche. Sie sind „Experten" in der Bearbeitung anderer, um das zu bekommen, was sie wollen.

Von sich selbst und ihren Fähigkeiten haben sie unter Stress eine zu hohe Meinung. Sie werden selbstbezogen und verantwortungslos bei der Erreichung ihrer eigenen Vorteile und können keine Beziehungen mehr eingehen.

Von anderen werden sie im Stress als selbstverliebte, autoritäre Egozentriker erlebt. Sie bleiben auf Distanz und reagieren verächtlich oder auch herausfordernd auf andere, in ihren Augen „Schwächlinge".

Nimmt der Stress weiter zu, diskutieren sie, verwickeln dabei ihre Gesprächspartner in Widersprüche und beweisen ihnen damit die Grenzen der Kompetenz. Sie haben nur noch eine geringe Frustrationstoleranz, werden impulsiv und können überhaupt nicht mehr vorausschauend denken.

Sie übernehmen keine Verantwortung mehr für sich und ihr Handeln. Sie werden noch härter als sie ohnehin schon sind, werden rücksichtslos und weisen alle Schuld den anderen zu. Mit der Wahrheit nehmen sie es nicht mehr so genau. Sie sind meisterhaft im Finden von Ausreden.

Sie haben keine Gewissensbisse, sondern rechtfertigen alles durch ihr Handeln. Sie ziehen überraschend ihre Unterstützung für andere zurück und versuchen Aufgaben und Probleme durch Manipulation, Intrigen und Tricks zu lösen.

Stressmuster von Ruhigen

Wenn die Ruhigen ihre grundlegenden Bedürfnisse, nämlich Rückzug, Alleine sein und innere Freiheit nicht ausreichend befriedigen können, kommen sie in Stress.

Sie wirken im Kontakt mit anderen noch kühler, scheuer und reservierter als sonst schon. Sie zeigen keine Gefühle mehr und tun nach außen so, als seien sie ganz stark und nichts kann sie aus der Ruhe bringen. Sie ziehen sich jedoch zunehmend mehr zurück, werden völlig passiv, vermeiden aktives Handeln, um ihre Aufgaben und Probleme zu lösen und leben nur noch in ihren Tagträumen.

Nimmt der Stress weiter zu, weil sie nicht genügend Rückzug und Distanz haben, verstärken sich die Stressmuster. Sie wirken auf andere exzentrisch und eigenbrötlerisch. Sie vermeiden den Kontakt mit ihren Gefühlen. Jeder Kontakt von außen, vor allem Druck, bewirkt, dass sie noch passiver und schweigsamer werden.

Die eigene Energie wird in Passivität investiert, staut sich dabei auf und erzeugt möglicherweise Angst. Sie grübeln innerlich und sind mit ihrer Angst konfrontiert, das Leben nicht mehr bewältigen zu können. Sie vertrauen niemanden mehr und erleben sich unerwünscht, nicht willkommen, als Fremde in dieser Welt.

Stressmuster sind also ein Versuch, die eigenen Akkus wieder mit Energie zu laden. Allerdings ein in der Regel wenig tauglicher Versuch. Am Ende solcher Stressmuster stehen meist Verwirrung und ungute Gefühle. Bei uns selbst, bei den anderen.

Nun, es wird wohl nur den wenigsten Menschen gelingen, nicht hin und wieder doch in diese Stressmuster zu rutschen. Wir können sie nicht zur Gänze vermeiden. Aber wir können mehr und mehr auf unsere innere Energie achten, den „Ladezustand" unserer inneren Akkus regelmäßig überprüfen und rechtzeitig dafür sorgen, dass wir wieder frische Energie bekommen

Stressmuster

Einfühlsame wollen es allen anderen recht machen und jammern.

Analytiker wollen perfekt sein, werden ärgerlich und greifen andere an.

Bewahrer sehen nur noch Fehler, erwarten von den anderen Perfektion und greifen an.

Kreative strengen sich sehr an (ohne es zu schaffen) und geben anderen die Schuld.

Aktive geben sich stark und erwarten von anderen, dass sie stark sind. Sie werden manipulativ, starten Intrigen und übernehmen keine Verantwortung für ihr Handeln.

Ruhige ziehen sich noch mehr zurück, werden passiv und unternehmen nichts Problemlösendes. Sie zeigen sich stark.

Wenn Sie mehr über Ihre Stressmuster erfahren wollen, können folgende Fragen hilfreich sein:

Wenn ich in Stress, unter starken Druck gerate, dann...

...fühle ich mich ...

...denke ich über mich ...

...verhalte ich mich mir gegenüber ...

...verhalte ich mich anderen gegenüber ...

...passiert am Ende häufig folgendes ...

✍ Übung

Stressmuster können wir sehr gut bei anderen erkennen. Viel besser
als bei uns selbst.
Daher:
Bitten Sie bei Gelegenheit einen guten Freund, eine gute Freundin,
Sie zu beschreiben, wenn Sie im Stress sind.
Hm, Sie verstehen jetzt, warum es ein wirklich guter Freund sein
sollte. Der Lebenspartner eignet sich meist weniger für diese
Übung.

Meine persönliche Einschätzung

Meine Stressmuster

Geben Sie bitte den Stressmustern die für Sie zutreffende Reihenfolge von
1 bis 6.

○   Es den anderen recht machen wollen, jammern.

○   Perfekt sein wollen, ärgerlich werden.

○   Perfektion von anderen erwarten, nur noch die Fehler sehen.

○   Sich anzustrengen, ohne es zu schaffen und anderen die
Schuld geben

○   Von anderen Stärke verlangen und keine Verantwortung
übernehmen.

○   Sich zurückziehen und passiv werden.

Wer bin ich?

André wartet auf Elisabeth. Er vertritt sich auf der Straße ein wenig die Beine, blickt ab und zu zum Eingang hinüber.

Und natürlich gehen ihm die Erfahrungen des heutigen Nachmittag und Abend wieder durch den Kopf: Wie die mit großem Pomp von Michael angesetzte Sitzung eskalierte, weil niemand wusste, was Well-lax pro 90 F Plus eigentlich ist! Der Wahnsinn ...

Berndt, Rolf, Herbert, mit dem er gut auskommt, der ein wenig zu lustige Karl und natürlich Elisabeth ...

Alles unterschiedliche Persönlichkeiten, denkt er sich. Wie die alle wohl so geworden sind, wie sie heute sind? Welche Einflüsse mögen da eine Rolle gespielt haben? Ob das alles nur die Erziehung ist, wie die Psychologen meinen? Oder doch angeboren? Oder beides?

Beinahe hätte er mit seinen Überlegungen Elisabeth übersehen, die gerade über die Straße kommt und sich suchend umsieht.

„Hi! Du machst mir den Eindruck, als ob du über etwas ganz Wichtiges grübelst", sagt Elisabeth und grinst André an.

„Hm, ja", entgegnet er, „Ob's so wichtig ist, weiß ich nicht, aber... Also, den ganzen Tag über, und erst recht seit der Sitzung am Abend, beschäftigt es mich, warum wir Menschen so unterschiedlich sind, so unterschiedlich reagieren, uns so verschieden verhalten ..."

Elisabeth grinst weiter: „Ach, das ist es. Da kann ich dir gerne mal ein Buch geben. Da kannst du vieles dazu lesen. Komm' jetzt erst mal mit zu meinem Wagen!"

Auch André schmunzelt, innerlich. Das Buch, das kennt er ja gut...

Verabschieden wir uns von den Beiden, die wohl einen schönen Abend haben werden.

Hoffentlich hatten Sie eine unterhaltsame, erkenntnisreiche „Lesereise" durch diesen Reader. Sie sind mit den sechs SIZE Persönlichkeiten vertraut geworden, kennen das Kontaktverhalten, die Kommunikationsmuster, die Stärken, Begabungen und Bedürfnisse der verschiedenen Persönlichkeiten und deren Stressmuster.

Und Sie fragen sich jetzt, genauso wie André in unserem Beispiel, wie wir geworden sind, was wir sind. Wie die verschiedenen Persönlichkeiten entstehen, ob man die Entwicklung möglicherweise auch durch Erziehung beeinflussen kann, und, und ...

Nun, eine wirklich endgültige Antwort auf diese Fragen kann ich Ihnen hier nicht geben, weil ich sie nicht kenne. Weil sie vermutlich niemand kennt.

Was wir haben, das sind Vermutungen, Hypothesen darüber, welche Einflüsse die Entwicklung der verschiedenen Persönlichkeiten beeinflusst haben können. In diesem Sinn, nämlich als Vermutungen, als Ideen, als Erklärungshilfe, möchte ich die folgenden Beschreibungen verstanden wissen.

Es gibt zwei grundsätzliche verschiedene Annahmen:

Die eine: Unsere Persönlichkeit ist weitgehend durch Vererbung, durch genetische Faktoren vorherbestimmt.

Die andere: Wir kommen als sehr beeinflussbare Menschen zur Welt und unsere frühen Erlebnisse in der Zeit bis zu sechs Jahren, unsere Erziehung und unsere Eltern bestimmen sehr stark über die Ausprägung unserer Persönlichkeit mit.

☞ Zwei unterschiedliche Annahmen:
   Die Persönlichkeit wird vererbt oder sie wird anerzogen.

Was davon ist „richtig"?

Vermutlich ist es gar nicht so wichtig, diese Frage zu beantworten. Möglicherweise liegt die „Wahrheit" irgendwo dazwischen. Und sicher wird es so sein, dass wir durch unser Da-Sein in dieser Welt durch eben diese Um-Welt beeinflusst werden. Welche dieser Einflüsse sich dann prägend für uns auswirken, zu welchen Entscheidungen über uns, die anderen und die Welt wir dann kommen, wird wohl individuell sehr unterschiedlich sein.

Es gibt Hypothesen zur Entstehung, Entwicklung und Ausformung der verschiedenen Persönlichkeitsanteile und der unterschiedlichen Persönlichkeiten.

Einfühlsame

Die Entwicklung der Einfühlsamen-Persönlichkeit wird vermutlich begünstigt, wenn ein Kind mit empfindsamer und sensibler Veranlagung zur Welt kommt.

Die weitere Entwicklung kann verstärkt werden, wenn die Eltern oder Elternpersonen wenig Einfühlungsvermögen in die Bedürfnisse des Kleinkindes zeigen und das Kind nach einem starren Schema versorgen.

Es kann jedoch auch das Gegenteil sein:

Das Kleinkind wird mit Zärtlichkeiten überschüttet und lernt nicht zu verzichten. Es kann die Grenzen der eigenen Persönlichkeit nicht erproben und sich wenig entfalten und bleibt damit gefühlsmäßig von den Eltern abhängig. Und manche Einfühlsamen bestätigen auch, als Kinder ein intensives Gefühl der Abhängigkeit und damit verbunden Angst erlebt zu haben.

In der Zeit zwischen drei und sechs Jahren ist es die Entwicklungsaufgabe von Menschen, das Handeln vom Fühlen zu unterscheiden. Den Einfühlsamen ist es in ihrer Entwicklung schwergefallen, diesen Prozess gut abzuschließen.

Manchmal haben die späteren Einfühlsamen in ihrer Entwicklung entschieden, ihre Gefühle so lange zu „eskalieren", bis der andere das tat, was sie wollten. Und wenn sie nicht erfolgreich damit waren, so bekamen sie auf jeden Fall eine Menge an Aufmerksamkeit.

Ein weiterer Aspekt in der Entwicklung der Einfühlsamen kann sein, dass sie wenig Zuwendung für ihr Denken oder Handeln bekamen. Sie bekamen Zuwendung für brav, liebenswürdig und unterhaltsam sein. Ihr Denken und ihre Leistungen wurden möglicherweise nicht ernst genommen und abgewertet.

Einfühlsame haben in ihrer Entwicklung gelernt, sich eher als Mensch wertvoll zu fühlen als für Handeln und Denken Zuwendung zu bekommen. Und als Erwachsene erleben sie wieder, dass sie eher als liebenswürdig, denn als kompetent geschätzt werden.

Analytiker

Analytiker kommen unter Umständen als Kinder mit ausgeprägter Vitalität zur Welt. Ihre Persönlichkeit entwickelt sich in der Zeit, in der das Kind beginnt, sich die Welt mit (Trotz-)Reaktionen anzueignen. Die Eltern haben auf das Verhalten des Kindes möglicherweise mit Ärger reagiert und mit Bestrafung versucht, dieses Verhalten einzugrenzen. Dadurch kam es zu einer Blockierung des unbekümmerten Umganges mit der Welt durch den kleinen Analytiker.

Insgesamt wird ein eher strenger und harter Erziehungsstil mit starren Regeln die Entwicklung zum Analytiker fördern. Lebendige, aggressive, gestaltende und verändernde Impulse wurden zu früh und zu starr gedrosselt, bestraft oder unterdrückt.

Durch diese Erfahrungen haben die Analytiker gelernt, hart zu sich selbst zu sein. Sie vernachlässigen ihre Wünsche und Bedürfnisse und erleben wenig Lebensfreude.

Die Elternpersonen haben vermutlich Leistung sehr überbetont und die Anpassung an ihre Erwartungen. Sie haben dem zukünftigen Analytiker immer weniger erlaubt, ein spontanes Kind zu sein. Das Kind ging in die Überanpassung an die Eltern, wurde rasch „erwachsen" und verlor einen großen Teil des eigenen Kindseins.

Für die Entwicklung wäre es in dieser Phase notwendig gewesen, die eigene Energie zu erleben und mögliche Grenzen auszutesten und zu lernen, eine Balance zwischen den elterlichen Erwartungen und den eigenen Wünschen herzustellen.

Die Analytiker haben sich in dieser Zeit dafür entschieden, perfekt zu sein, um dann gemocht und geliebt zu werden. Also Anerkennung für „Tun", für Leistung zu bekommen und nicht, sich „nur" für die Existenz geliebt zu erleben. Sie haben gelernt, ihre Kind-Ich-Wünsche und –Bedürfnisse zu ignorieren. Als Erwachsene ist es dann oft so, dass sich Analytiker als kompetent, aber nicht als liebenswert erleben.

Bewahrer

Bewahrer-Persönlichkeiten entstehen, ähnlich wie beim Analytiker, zu der Zeit, in der das Kind beginnt, sich die Welt mit (Trotz-)Reaktionen anzueignen. Das Kind erfährt viele starre Lebensregeln und hohe Anforderungen von Eltern oder Elternspersonen, die es dann verinnerlicht.

Der spätere Bewahrer entwickelt dadurch eine typische Angst, nämlich unaufmerksam und unvorsichtig zu sein und dabei „erwischt" zu werden, wenn er sich nicht genau an die Regeln gehalten hat. Verbunden mit einem peinlichen Gefühl. Sie tun daher alles was sie können, um sich vor diesem „Erwischt-werden" zu schützen.

Diese Angst kommt möglicherweise von Erfahrungen, in denen sie als Kinder erleben mussten, wie ihre persönlichen Grenzen überschritten wurden und sie sich nicht davor schützen konnten. Das kann unter anderem durch übermäßiges Füttern, tobende Eltern, Krieg, Naturkatastrophen oder medizinische Eingriffe gewesen sein.

Der notwendige Entwicklungsprozess in dieser Phase ist die Entwicklung von Vertrauen und festen, zuverlässigen Beziehungen. Bewahrer haben diesen Entwicklungsschritt nicht ganz abgeschlossen. Ihre „Entscheidung" als Kind war es, überwachsam zu werden, versuchen, sich und andere zu kontrollieren und anderen gegenüber zuerst grundsätzlich skeptisch und kritisch zu sein, um sich selbst sicher zu fühlen.

Kreative

Kreative werden oft als sehr wache und lebhafte Kinder geboren. Sie haben als Kind etwas Hinreißendes und Mitreißendes an sich. Sie sind aufgeschlossen, neugierig und kreativ.

Sie stehen schnell im Mittelpunkt der Familie und bekommen viel Zuneigung und Aufmerksamkeit, ohne dass sie sich darum bemühen müssen oder etwas dafür zu leisten haben.

Häufig entsteht jedoch eine polarisierende Familienatmosphäre: Auf der einen Seite viel Zuneigung und auch Bewunderung für das Kind. Auf der andere Seite aber auch der Versuch der Eltern, das Kind zu „erziehen". Die Eltern des Kreativen waren unter Umständen sehr über-kontrollierend, versuchten ständig dem Kind die eigene Art und Weise etwas zu tun, aufzudrängen. Sie erkannten möglicherweise nicht, dass das Kind die eigene Autonomie und eine eigene stabile Identität entwickeln muss. Indem es eigenständig etwas unternehmen und dabei auch „Fehler" oder schmerzhafte Erfahrungen machen kann.

Die Entscheidung des Kreativen als Kind war es, nicht (mehr) den Anforderungen der Elternspersonen zu gehorchen, sondern sein eigenes Ding zu tun. Daraus entstand möglicherweise ein Machtkampf, der eine wirkliche Autonomie und Loslösung von den Eltern verhindert hat.

Und er gab eine Menge an Aufmerksamkeit und stellte eine Möglichkeit dar, auf indirektem Weg zu den Eltern zurück zu kommen.

Aktive

Die Entwicklung der Persönlichkeit des Aktiven ist mit ein Ergebnis des Versuchs des Kindes, in einer wettbewerbsorientierten Umgebung mit anderen zu konkurrieren, während diese anderen, meist die Eltern gefühlsmäßig und/oder physisch nicht anwesend waren.

Das Kind erlebte sich als nicht versorgt, nicht betreut und alleine.

Aktive „beschlossen" daher als Kind zu überleben, indem sie von niemand abhängig sein würden und indem sie den „Wettkampf" gewinnen und es ihren Eltern schon noch zeigen würden.

Sie lernten hart zu sein und so zu handeln, dass sie alles das bekommen, was sie wollen, ohne viel Rücksicht auf andere zu nehmen. Sie entwickelten Angst, sich auf andere einzulassen oder anderen zu vertrauen, weil „damals" ihre Eltern auch nicht für sie da waren.

Ihre „Lösung" war und ist es, alles zu bekommen, auf jedem Weg und selbst unverwundbar zu sein.

Da ihr Bedürfnis, geliebt und versorgt zu werden, nicht befriedigt wurde, lernten sie, möglichst alle anderen Bedürfnisse befriedigt zu bekommen.

Ruhige

Die Entwicklung des Ruhigen kann begünstigt werden, wenn das Kind mit einer sensiblen und „verwundbaren" Persönlichkeit zur Welt kommt.

In den ersten Lebensmonaten muss das Baby sich selbst, andere Menschen und die Welt erfahren und begreifen. Daher ist eine gewisse Stabilität der Umgebung für die Orientierung des Babys erforderlich, damit es langsam mit ihr vertraut wird und Vertrauen fassen kann.

Ruhige haben diese Stabilität nicht in vollem Umfang erlebt. Es kann sein, dass das Kind einen Mangel an liebevoller Zuwendung und Versorgung erlebt hat. Oder aber auch eine Reizüberflutung und Überfürsorge. Manchmal kann es auch beides gleichzeitig sein.

Ein zu häufiger Wechsel der Bezugsperson, der Umgebung und der Sinneseindrücke kann ebenfalls zur Entwicklung der Persönlichkeit des Ruhigen beitragen.

Insgesamt hat sich der Ruhige in der Kindheit als nicht ausreichend versorgt erlebt. Seine Eltern erschienen ihm möglicherweise völlig überfordert mit der Versorgung und so entschied er sich, die eigenen Bedürfnisse nicht mehr „anzumelden" und besser stark zu sein, damit seine Eltern wieder okay werden.

Ruhige entschieden sich als Kind für die Gleichsetzung von „ohne Bedürfnisse sein" ist „gut" sein. Sie wurden überkritisch den eigenen Bedürfnissen und Wünschen gegenüber und entschieden sich, dass sie nur dann okay sind, wenn sie keine Bedürfnisse haben.

Ihre „Lösung" war es, sich zurückzuziehen und zu versuchen, ihre Bedürfnisse in ihrer Phantasie zu befriedigen.

Jeder von uns hat wohl aus den obigen Beschreibungen selbst die ein oder andere Situation erlebt, ohne sofort und ausschließlich eine entsprechende Persönlichkeit zu entwickeln. Auch hier gilt: Diese Hypothesen sind „Landkarten" zur Orientierung.

Wer bin ich?

Wie bin ich geworden, wie ich bin?

Es gibt keine „richtigen" Erklärungen, sondern nur Vermutungen. Vermutlich wird es so sein, dass sowohl vererbte, genetische Merkmale wie höchst individuelle Erfahrungen während der Zeit bis zum sechsten Lebensjahr uns und die Entwicklung unserer dominierenden Persönlichkeiten geprägt haben.

Auswertung Selbst-Einschätzung

Bestimmt sind Sie jetzt neugierig auf Ihre Reihenfolge der Persönlichkeiten, auf die bei Ihnen ausgeprägten Anteile. Vermutlich haben Sie sich während des Lesens ja bereits da und dort „eingeordnet" und mal hat es besser gepasst, ein anderes Mal eher weniger.

Gut, Sie haben alle „Einschätzungen" bearbeitet? Prima!

Dann können Sie jetzt Ihre Einschätzungen aus den verschiedenen Abschnitten zusammentragen und berechnen. Tragen Sie bitte Ihre Zahlen aus den Seiten 23, 32, 41, 55, 70, 82, 94 und 106 in die Tabelle unten ein.

Dann errechnen Sie für jede Zeile die Summe und tragen sie ebenfalls in die Spalte ein. Jetzt können Sie die Reihenfolge der Persönlichkeiten nach Ihrer Einschätzung ablesen und eintragen. Der Persönlichkeitsanteil mit der niedrigsten Summe steht an erster Stelle, der mit der höchsten an der letzten.

Seite	23	32	41	55	70	82	94	106	Summe	Ihre Reihenfolge
Einfühlsamer										
Analytiker										
Bewahrer										
Kreativer										
Aktiver										
Ruhiger										

Nun können Sie Ihr Ergebnis in die Übersicht eintragen. Ganz links, bei der höchsten Säule tragen Sie die Persönlichkeit ein, die bei Ihnen an 1. Stelle steht, dann bei der zweithöchsten Säule die Persönlichkeit die bei Ihnen an 2. Stelle steht und so weiter.

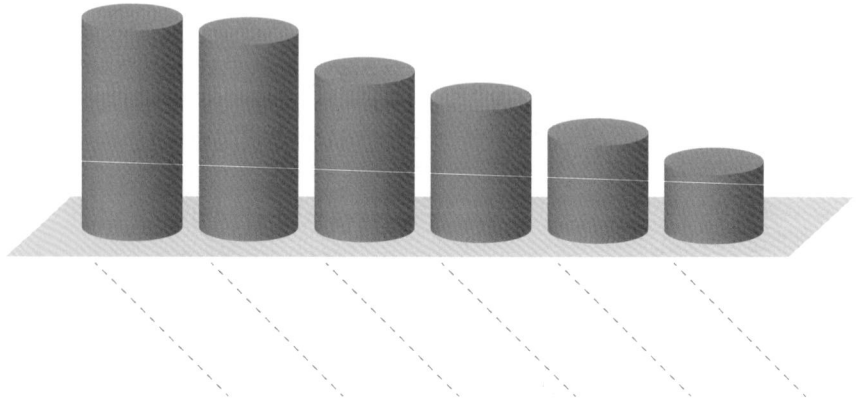

Das Ergebnis ist Ihre aktuelle Einschätzung und basiert auf den acht Kapiteln dieses Readers. Wenn Sie nun neugierig auf eine umfangreichere und exakte Analyse sind und wissen wollen, welche Persönlichkeitsanteile bei Ihnen wie stark ausgeprägt sind, dann lassen Sie Ihr einzigartiges SIZE Success Persönlichkeitsprofil erstellen.

Ihr SIZE Success Profil ist kein Test oder Testverfahren, sondern die Auswertung und Beschreibung der unterschiedlichen Anteile Ihrer Persönlichkeit. Es gibt keine Bewertung von „besser" oder „schlechter" und es gibt keine Vergleiche mit irgendwelchen statistischen Durchschnittswerten.

Für Ihr Persönlichkeitsprofil bearbeiten Sie den SIZE Success Fragebogen online oder aus Ausdruck. Sie brauchen dafür ca. 15 - 20 Minuten. Den Fragebogen können Sie direkt online bearbeiten. Und Sie können auch den Fragebogen als PDF herunter laden und bearbeiten.

Ihr SIZE Success Profil können Sie als Persönlichkeitsprofil bekommen. Oder Sie wählen das Managementprofil, wenn Sie als Führungskraft tätig sind.

Sie planen aktuell Ihre berufliche Karriere, dann empfehlen wir Ihnen das SIZE Success Management- und Karriereprofil premium.

Wenn Sie beruflich im Verkauf und Vertrieb tätig sind, dann wählen Sie das Vertriebsprofil.

Mit Ihrem SIZE Success Persönlichkeitsprofil bekommen Sie eine Beschreibung und Zusammenfassung

- Ihrer Energieverteilung in den sechs Persönlichkeitstypen.
- Ihrer persönlichen Stärken.
- Ihrer Begabungen und Talente.
- Ihrer Entwicklungsmöglichkeiten und Potenziale.
- Ihres Wunsch- und Selbstbildes.
- Ihrer psychischen Bedürfnisse und Motivatoren.
- der Möglichkeiten für Ihr individuelles Energieprogramm.
- Ihrer möglichen Stress- und Misserfolgsmuster.
- Ihrer Möglichkeiten, mit den Stress- und Misserfolgsmuster positiv umzugehen und sie zukünftig zu vermeiden.

Ihr SIZE Success Persönlichkeitsprofil

- ist eine objektive Bestandsaufnahme Ihrer Persönlichkeit.
- erleichtert Ihnen die Weiterentwicklung Ihrer Persönlichkeit durch die Kenntnis Ihrer Möglichkeiten und Potenziale.
- hilft Ihnen dabei, Ihre Kommunikation durch Kenntnis Ihrer verschiedenen Kommunikationsmuster zu verbessern.
- fördert die Balance in Ihrem Leben, weil Sie wissen, wie Sie Ihren „inneren Akku" schnell laden und geladen halten können.
- unterstützt Sie dabei, persönlichkeitstypische Stress-/Misserfolgsmuster zu vermeiden und stattdessen zu erfolgreichen Verhaltensweisen zu kommen.
- zeigt Ihnen Auswege aus Stressmustern.
- ermöglicht Ihnen ein Entwicklungsprogramm durch die Anwendung der vielen persönlichkeitstypischen Tipps im Profil.
- unterstützt Sie bei Ihrer Lebensplanung, weil Sie besser wissen, was Sie wollen und brauchen, was Ihnen gut tut und wie Sie es erreichen können.

- können Sie für Ihre Karriereplanung einsetzen, weil Sie ihre bekannten Stärken noch besser kennen lernen und neue Stärken entdecken werden.
- gibt Ihnen Sicherheit, da jedes Profil individuell durch SIZE Success Spezialisten erstellt wird.

Weitere Informationen bekommen Sie direkt unter www.sizesuccess.de.

Erkenntnisse – Umsetzung

Es gab turbulente Zeiten nach dieser denkwürdigen Sitzung an einem heißen Sommerabend. Lange Zeit stand der Zusammenhalt und das „Überleben" des gesamten Unternehmens auf der Kippe.

Der Umschwung kam, als die meisten begriffen, dass das Well-lax pro 90 F Plus-Projekt auch eine Herausforderung für sie sein konnte. Dass man nicht wirklich weiterkommen würde, wenn man immer und immer wieder in den alten Mustern hängen bleiben würde. Und dass man wieder erfolgreich sein könnte, wenn man die unterschiedliche Fähigkeiten, Stärken und Begabungen aller für die gemeinsame Sache nützt.

Man holte einen Berater in das Team und gemeinsam konzentrierten sie sich auf die erfolgreiche Vermarktung des Well-lax pro 90 F Plus.

Karl steuerte immer wieder höchst kreative Vorschläge bei. Die Killer-Idee war sein Vorschlag, Well-lax pro 90 F Plus als Anti-Aging-Learning-App und als Cloud-Ressource-Navigation zu vermarkten. Sein weiterer Vorschlag, das Ganze in ein Tool mit Hot-Whirl-Pool-Functionality einzubauen, wurde jedoch von der Technik-Abteilung wegen der zu hohen Wasserkosten verworfen.

Berndt sicherte diese Idee nach allen Seiten ab. Besonders wertvoll waren seine tiefgehenden Recherchen bei den Verbänden und Organisationen sowie seine profunden Kenntnisse des Marken- und Urheberrechts. Während der Sitzungen unterstützte er den Berater darin, Ordnung zu halten und sich auf das wirklich Wesentliche zu konzentrieren.

Herbert verstärkte seine Kontakte zu den Kunden. Ihm war es zu verdanken, dass die Kundenwünsche von nun an immer stärker in das Projekt mit einflossen. Wesentliche Details, wie der „Lautlos-Leser" und der „Cloudfan" entstanden so. Herbert übernahm auch die Aufgabe, den Kontakt zwischen den Sitzungen unter allen Beteiligten zu fördern. Legendär wurden die von ihm organisierten Grillabende in seinem Garten, bei denen manchmal sogar Berndt mit seiner Band spielte.

Rolf hatte von dieser Zeit an wirklich Ruhe für seine Vorstellungen und seine Arbeit. Manchmal, wenn auch selten, sah man Karl und Rolf zusammensitzen und lachen. Dann war es meist Zeit für eine neue Wende im Projekt.

André war es zu verdanken, dass das Projekt ein nahezu perfektes Projektmanagement bekam. Keine Details blieben nun mehr unberücksichtigt und jeder konnte sich auf die Zeitpläne verlassen. Für das Qualitätsmanagement dokumentierte André jeden Schritt und war manchmal wieder so eingespannt, dass ihm kaum noch Zeit für Elisabeth blieb.

Elisabeth war einfach für alle da. Mit ihrer freundlichen und offenen Art schaffte sie es immer wieder, Konflikte und Spannungen abzubauen und alle wieder an einen Tisch zu bringen. Gemeinsam mit Herbert kümmerte sie sich um den Service und die Kundenbetreuung. Nicht zuletzt hatte sie einen ganz gewichtigen Anteil daran, dass das Unternehmen im nächsten Jahr unter die 20 kundenfreundlichsten Lieferanten der Zeitschrift „Consumer King" kam.

Michael beschaffte in seiner unvergleichlichen Art frisches Kapital und war nach wie vor die treibende Kraft. Auch wenn er sich in den Besprechungen zunehmend mehr zurückhalten konnte.

Inzwischen sind zwei Jahre vergangen. Was ist mit den Beteiligten weiter passiert?

Michael hat zwei neue AGs gegründet und macht jetzt Supergeschäfte mit der Senag Ultra-3 in China und Korea.

Karl hat das Unternehmen verlassen und sich selbstständig gemacht. Er hat eine coole Agentur für „Intelligente Musiker" entwickelt und baut nebenbei Car-Ports.

Berndt vertritt immer häufiger Michael, wenn dieser in China ist. Und er ist dabei, das Unternehmen an einer (seiner) neuen, noch als streng vertraulich anzusehenden Mission auszurichten. Diesmal aber richtig, wie er betont.

Elisabeth und André haben sich immer häufiger getroffen und wollen demnächst in eine gemeinsame Wohnung ziehen.

Herbert macht seine Aufgabe am Servicedesk weiterhin viel Freude, weil er dort anderen helfen kann, wie er sagt. Und er ist froh, dass die Well lax-Geschichte ein gutes Ende gefunden hat. Ach ja, er hat versprochen den Paten zu machen, wenn es bei Elisabeth und André soweit ist.

Rolf? Rolf arbeitet ja seit dieser Sache in der Entwicklung. Meist sieht und hört man nichts von ihm, bis er wieder einmal mit einem genialen Entwurf kommt, den Michael sofort auf dem Markt platziert.

Es wird Zeit, sich von André und Co. zu verabschieden.

Und Zeit, die eigenen Erkenntnisse aus dem SIZE Success Reader zusammenzufassen – wenn Sie wollen.

Sie wissen jetzt, welches Ihre bevorzugte Art der Wahrnehmung ist, welche Kontaktmuster Sie bevorzugen, was Ihre Eigenschaften, Stärken und Ihre psychischen Bedürfnisse sind.

Aus der Vielzahl von Eindrücken, Informationen, Erkenntnissen und Erfahrungen aus den Übungen können Sie Ihr individuelles „Programm" zur Umsetzung in Ihre Praxis zusammenstellen.

Die Fragen auf den nächsten Seiten können Sie dabei unterstützen.

✍ **Meine Erkenntnisse aus dem SIZE Success Reader**

Womit habe ich mich wohl gefühlt?
Welche Teile des Readers haben mir ein gutes Gefühl gegeben?
Womit möchte ich mich in Zukunft besser fühlen?

Was sind meine Erkenntnisse?
Was war die für mich wichtigste Information?
Welche Schlussfolgerungen/Entscheidungen ziehe ich daraus?

Welche Informationen aus dem Reader haben mich in meinen An-
sichten bestärkt?
Welche Informationen haben mich möglicherweise angeregt, meine
Meinung zu verändern?
Bei welchem Thema werde ich unter Umständen meine Ansichten
überprüfen?

Was hat mir an diesem Reader am besten gefallen? Welche Themen haben mir am meisten Spaß gemacht?
Welche neuen Ideen sind mir spontan eingefallen, was ich mit dem Reader noch machen könnte?

Was aus diesem Reader werde ich sofort umsetzen?
Was werde ich sofort anders machen als bisher?
Was hat mir der Reader gebracht?

Welches Bild habe ich nach der Lektüre vom SIZE Success Modell?
Welche Vorstellungen kann ich mir jetzt zu den einzelnen Persön-
lichkeiten machen?
Wie kann ich mir mit den Erkenntnissen aus diesem Reader neuen
Freiraum verschaffen?

Übersicht

	Einfühlsame	Analytiker	Bewahrer	Kreative	Aktive	Ruhige
Wahrnehmung	Gefühl und Intuition	Analytisches, faktenorientiertes Denken	Werteorientiertes Denken	Reaktives, re-agierendes Handeln	Aktives Handeln	Passives Handeln
Überzeugungen	Beziehungen und Harmonie sind das Wichtigste im Leben	Denken und Logik sind das Entscheidende	Werte und Beharrlichkeit sind das Edelste des Menschen	„Nimm's leicht!" (Das Leben ist hart genug!)	Initiative zeigen, anpacken, sich durchsetzen!	Ruhe und Abstand sind das Elementare im Leben
Kontakt	Fühlen	Analytisches Denken	Werteorientiertes Denken	Spielerisches Handeln	Aktives Handeln	Passives Handeln
Kommunikation	Einfühlsam-für-sorglicher Stil	Informativ-analytischer Stil	Informativ-werteorientierter Stil	Spielerisch-reaktiver Stil	Direktiv-aktiver Stil	Direktiv-passiver Stil
Eigenschaften und Stärken	Warmherzig, sensible, einfühlsame und offene Menschen, denen Kontakt und Beziehung wichtig sind	Logische, analytische, ordnungsliebende und strukturiert denkende Menschen, die zuverlässig und leistungsorientiert sind	Gewissenhafte, wachsame, ausdauernde und disziplinierte Menschen, mit festen Werten, Normen und Überzeugungen	Humorvolle, unabhängige, kreative und kontaktfreudige Menschen, die sich hervorragend selbst darstellen können	Erfolgsorientierte, energiegeladene, flexible und charmante Menschen, die andere gut überzeugen können	Zurückhaltende, stille, introvertierte und bescheidene Menschen, die ein ausgeprägtes Vorstellungsvermögen besitzen

	Einfühlsame	Analytiker	Bewahrer	Kreative	Aktive	Ruhige
Psychische Bedürfnisse	Einfühlsame wollen als Menschen beachtet und geschätzt werden. Und es tut ihnen gut, wenn sie in einer angenehmen, die Sinne anregenden Umgebung leben und arbeiten können.	Analytiker wollen Anerkennung für ihre Leistung. Und sie schätzen Struktur und Pünktlichkeit.	Bewahrer wollen Anerkennung für ihre Werte, Meinungen und Überzeugungen. Und auch Beachtung ihrer Leistung.	Kreative wollen Anregung, Abwechslung und Anreize durch ihre Umwelt. Und sie schätzen es sehr, im Mittelpunkt stehen zu können.	Aktive wollen Herausforderungen, Aufregung und Aktion. Und sie streben nach Macht, Ansehen und raschem Erfolg.	Ruhige wollen Rückzug, Alleine sein und Distanz. Und sie wollen ihren Gedanken und Vorstellungen freien Raum lassen können.
Stressmuster	Einfühlsame wollen es allen anderen recht machen und jammern.	Analytiker wollen perfekt sein, werden ärgerlich und greifen andere an.	Bewahrer sehen nur noch Fehler, erwarten von den anderen Perfektion und greifen an.	Kreative strengen sich sehr an (ohne es zu schaffen) und geben anderen die Schuld.	Aktive sind stark und erwarten von anderen, dass sie stark sind. Sie werden manipulativ und übernehmen kaum Verantwortung für ihr Handeln.	Ruhige ziehen sich noch mehr zurück, werden passiv und unternehmen nichts Problemlösendes. Nach außen geben sie sich stark und unnahbar.

Literaturverzeichnis

Barnes, G. et al.; Transaktionsanalyse seit Eric Berne, Band 2: Was werde ich morgen tun?; Institut für Kommunikationstherapie, Berlin; 1980

Berne, Eric; Principles of Group Treatment; Oxford University Press, New York; 1966

Berne, Eric; Spiele der Erwachsenen; Rowohlt, Reinbek; 1967

Berne, Eric; Was sagen Sie, nachdem Sie guten Tag gesagt haben?; Kindler Verlag, München; 1973

Berne, Eric; Transactional Analysis in Psychotherapy; Ballantine Book, New York, 1961, 1973

Berth, Rolf; Der Top-Manager von morgen; Gabler Verlag Wiesbaden; 1987

Berth, Rolf; Erfolg; Econ Verlag, Düsseldorf; 1993

Berth, Rolf; Aufbruch zur Überlegenheit; Econ Verlag, Düsseldorf; 1994

Buckingham, Marcus; Coffman, Curt; Erfolgreiche Führung gegen alle Regeln, Wie Sie wertvolle Mitarbeiter gewinnen, halten und fördern; Campus Verlag, Frankfurt; 2001

Diagnostisches und Statistisches Manual Psychischer Störungen – DSM-III-R; Beltz Verlag, Weinheim; 1989

Dusay, John M.; Egograms; Harper & Row, New York; 1977

Hagehülsmann, Ute und Heinrich; Menschen im Spannungsfeld ihrer Organisation; Junfermann Verlag; Paderborn; 1998

Hennig, Gudrun; Pelz, Georg; Transaktionsanalyse Lehrbuch für Therapie und Beratung, Herder Verlag, Freiburg; 1997

Holland, John; Diverse Veröffentlichungen; 1959, 1965, 1970, 1973

Hoyt, Michael F.; Psychodiagnosis of Personality Disorders; Transactional Analysis Journal; Vol. 19, No. 2; 1989

James, Muriel; The OK Boss; Bantam Book; New York; 1977

Deutsch: James, Muriel; Mitarbeiter besser führen; mvg Verlag, Landsberg; 1986

Joines, Vann – Stewart, Ian; Personality Adaptions – A new Guide to Human Understanding in Psychotherapy and Counselling; Lifespace Publishing, Nottingham, Chapel Hill; 2002

Kälin, Karl; Müri, Peter; Sich und andere Führen, Ott Verlag, Thun, 1990

Köster, Reinhard; Von Antreiber-Dynamiken zur Erfüllung grundlegender Bedürfnisse; Zeitschrift für Transaktionsanalyse; Junfermann Verlag, Paderborn; Heft 4, 1999

Kurtz, Ron; Körperzentrierte Psychotherapie, Die Hakomi Methode; Synthesis Verlag, Essen, 1985

Lammers, Willem; Persönlichkeitsstile: Diagnose und Interventionen im Alltag; IAS, 1996

Leavitt, Harold J.; Managerial Psychology; University of Chicago Press, Chicago; 1972

Lowen, Alexander; Körperausdruck und Persönlichkeit. Grundlagen und Praxis der Bioenergetik; Kösel-Verlag, München, 4. Auflage 1991

Riemann, Fritz; Grundformen der Angst, Eine tiefenpsychologische Studie; Ernst Reinhardt Verlag; München; 1993

Rogoll, Rüdiger; Nimm dich, wie du bist; Herderbücherei, Freiburg; 1976

Schlegel, Leonhard; Handwörterbuch der Transaktionsanalyse; Herder Verlag, Freiburg; 1993, 2. A., 2002

Schmid, Bernd; Hipp, J.; Antreiber-Dynamiken Persönliche Inszenierungstile und Coaching; Studienschrift Nr. 38; Institut für systemische Beratung; Wiesloch; 2001

Sieber Hannes; SIZE Success Forschung und Entwicklung; Trainermaterial, Trainingsunterlagen, z. T. unveröffentlicht; Biessenhofen; 1996 – 2005

Stewart, Ian; Developing transactional analysis counselling; Sage, London; 1996

Stewart, Ian – Joines, Vann; Die Transaktionsanalyse, Eine neue Einführung in die TA; Herder Verlag, Freiburg; 1990

Toelstede, Bodo G.; Transaktionsanalyse für Verkäufer; Max Schimmel Verlag; Würzburg; 1994

Vogelauer, Werner; Methoden-ABC im Coaching; Luchterhand Verlag, Neuwied; 2000

Ware, Paul; Personality Adaptions – Doors to Therapy; Transactional Analysis Journal; 1983, 13

Deutsch: Ware, Paul; Anpassungen der Persönlichkeit – Türen zur Therapie; Transaktionsanalyse; 1992

Watzlawick, Paul; Wie wirklich ist die Wirklichkeit? Wahn, Täuschung Verstehen; Pieper Verlag München, 1989

Watzlawick, Paul; Die erfundene Wirklichkeit Wie wissen wir, was wir zu glauben wissen? Beträge zum Konstruktivismus; Pieper Verlag München, 1988;

Woolams, Stan – Brown, Michael; Transactional Analysis; Huron Valley Institute Press; Dexter; 1978

Wouters, Arthur.; Smale, Gillian.; Diagnosis with Millon's Personality System: Implications for Transactional Analysis Therapy; Transactional Analysis Journal; Vol. 20, No. 2; 1990

Autor

Hannes Sieber

Geschäftsführer und Inhaber von SIZE Success und Sieber Beratung.

Ausbildung als Krankenpfleger und langjährige Erfahrung in verschiedenen Führungspositionen in sozialen Dienstleistungsunternehmen der Alten- und Krankenpflege.

Berufsbegleitendes Studium der Sozial- und Erziehungswissenschaften. Aus- und Weiterbildungen in Psychologie, Psychiatrie, Psychotherapie und Organisationsberatung.

Ausbildung in Themen-Zentrierter-Interaktion TZI sowie Weiterbildungen in Bio-Energetik und Life-Energy-Therapy, Psychodrama und Soziometrie.

Ausbildung zum Transaktionsanalytiker in den Anwendungsfeldern Psychotherapie und Organisation.

Geprüfter Transaktionsanalytiker (CTA) im Anwendungsfeld Organisation. Seit 1983 als Berater, Trainer und Unternehmer selbstständig.

Ab 1996 Beginn der Entwicklung von SIZE Success als Synthese praxisorientierter Konzepte der Transaktionsanalyse, der Bioenergetik und der klassischen Entwicklungspsychologie.

Entwicklung des SIZE Success Persönlichkeits- und Kommunikationsmodells und der SIZE Success Persönlichkeitsprofile und Potenzial-Analysen.

Autor zahlreicher Fachbücher und Fachartikel.